エクセル
仕事の
自動化が
誰でもできる本

渡部 守
Watabe Mamoru

日経BP

はじめに：今すぐレッスンをはじめよう！

　本書は、Excel（エクセル）の作業に日々奮闘しているビジネスパーソンの皆さんに、**マクロの便利さと手軽さ**、そして何より、**楽しさを知っていただくための本**です。15年間、1万人超の登録読者に向けて執筆してきたメルマガ[※1]の記事、およびその読者からのフィードバックで得られたノウハウを盛り込んで書籍化したのが本書です。

「実行」なくして上達なし！

　本書はただの読み物ではありません。マクロは、**自分の手元で実際にプログラムを動かしてみない限り、決して上達しません**。マクロ作成手順を記した本書の各レッスンでは、約15分の1レッスン中に、何度も（最低でも3回は）実行して作ったマクロの動作を確認しながら進めていく内容になっています。つまり、本書のレッスンは、**実行しながら理解を深めていくためのプラットホーム**（読者自ら実行して学べる場）を提供するものです。

　実は、私は英語が大の苦手です。中学、高校、大学2年の教養課程まで、それなりに時間もかけて一生懸命に英語の勉強をしてきました。しかし、いまだに外国人とまともに日常会話すらできません。アメリカ人なら3歳の幼児でもペラペラと英語を話せると思います。その幼児が英文法を（現在過去分詞とか三単現とか、ですね）学んだことがあるでしょうか？

※1　2004年からネット上で「三太郎」を名乗って始めたまぐまぐ配信のメルマガ「Go！Go！エクセルマクロをはじめよう！」のことです。

Excelの操作に時間を取られているビジネスパーソンの皆さんにとって必要な学び方は、**文法ありきの勉強ではなく、ひたすら会話練習を繰り返す**ことです。マクロの場合は、マクロの「実行」こそが、コンピュータとの会話練習の繰り返しになります。**「実行」なくして上達なし！**なのです。

「自動化」に難しい用語は必要なし！

本書では難しいカタカナ用語は一切使いません。多くのExcelマクロ本を見ると、難しいカタカナ専門用語がたくさん書かれています。オブジェクト、コレクション、メソッド、ステートメント、――。しかし、自動化するためのマクロ作りに用語自体はあまり重要ではありません。**用語の理解は決してマクロ習得の必修事項ではないのです**（プログラミング言語を熟知したSE暦30年の私が断言します）。

情報があふれる現代社会にあって、何かを短期間で上達するためには、何を勉強するかではなく、何を勉強しないか、その見極めが重要です。Excelのユーザーがマクロを勉強する目的は、ワケのわからないVBA言語[※2]の習得ではなく、**Excel仕事の自動化（パソコン作業の効率化）**にあります。この目的だけは絶対に間違わないようしてください。

「すぐに実行」はとにかく楽しい！

レッスンを始めれば、**本書のマクロ習得法が従来の書籍とは全く違うもの**であることにすぐに気付かれるでしょう。文法ありきの勉強は難しく、辛いものです。**実行ありきの本書の勉強方法は、とにかく楽しいのです。**

※2　Excelには、一連の操作を登録し、必要なときに自動実行できる「マクロ」の機能が用意されています。Excelのマクロの実体は、「VBA（Visual Basic for Applications）」と呼ばれるプログラミング言語で記述されたプログラムです。

マクロは、手作業で何時間もかかる面倒な Excel 仕事を、自動でパパっと一瞬でやってくれる優れものであるわけですから、その習得が楽しくないわけがありません！どうか、**本書で楽しくマクロの学習を始めて慣れ親しんでいってください。**私はそう願ってこの本を書きました。

なお、本書巻末の付録に、初級者がよく使うであろう 50 個の構文をまとめた「マクロの初級構文集」と、本書を勉強し終えた読者の皆さんに実力診断をしていただくための「初級マクロ検定」問題を用意しました。ぜひ、本書を読みながら参照したり、本書を読み終えたあとにトライしてみてください。

マクロは、その一部をちょっと覚えるだけでも、とても便利で作業の効率向上に大いに役立つものです。それは、とても楽しいものです。本書の**レッスン型マクロ習得法**であれば、きっとあなたのマクロに対する「難しいイメージ」と「不安」はすぐに解消されることと思います。

さぁ、今すぐレッスンを始めましょう！

2020 年 2 月
　　　　「Go！Go！エクセルマクロをはじめよう！」主宰　渡部守

目次

第 3 章
マクロ作りの基本をマスターする
（ループと分岐の処理）

第4章

ループと分岐を応用する
（ループの中に IF 文を組み込む）

第5章

曜日の色分けをした日付入りの１カ月の表を作る
マクロ

第 6 章
シートをコピーしてファイルに
自動保存するマクロを作る

第 7 章
エラー対処方法の基本

第1章

「マクロの記録」機能
を使ってみる

テーマ

マクロの利用環境を整えよう！

Excel（エクセル）でマクロを利用する際には、まず「開発タブ」の表示を次の手順にて行います。

なお、本書は Excel 2019/2016/2013/2010 の各バージョンに対応して書かれています。各バージョンによって設定方法に多少の違いがありますので、以下の設定はご自分がお使いのバージョンの説明部分を見て行ってください。

使用するバージョンが分からない場合、それを調べる一番簡単な方法を紹介します。エクセルを起動して画面の左上の部分を見てください。次のような見た目の違いがありますので、すぐに見分けがつくと思います。

Excel2019&2016　　　　Excel2013　　　　Excel2010

1）では、「開発タブ」を表示してみましょう。まずは、開発タブ（マクロ関連のボタン）を表示します。

❶ エクセルを起動します。Windows の検索ボックスに「Excel」と入力するなどして、起動しましょう。Excel 2013 以降の場合は、スタート画面のテンプレートから空白のブック等を選んで起動してください。

❷ 以下の操作でオプション画面を開きます。

　どこかのタブを右クリックして、メニューから「リボンのユーザー設定（R）」を選びます。

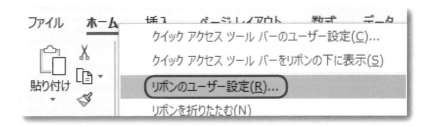

　または、「ファイル」メニューをクリックし、表示されたメニューの一番下（Excel 2019 & 2016）、または下から二番目の「オプション」をクリックします（次ページ）。

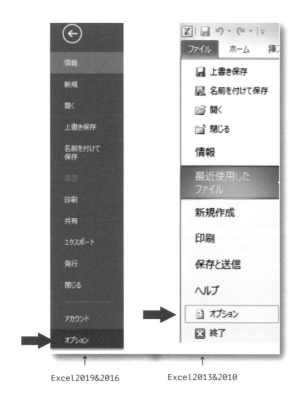

Excel2019&2016   Excel2013&2010

❸ 表示された［Excelのオプション］画面の左側のメニューから、［リボ
ンのユーザー設定］をクリックします。

　表示されるリストの右側の方にある［リボンのユーザー設定（B）］下
方の一覧の中の［開発］の項目にチェックを入れ、画面下方の［OK］ボ
タンをクリックして画面を閉じます。

この設定で、タブメニューに［開発］というタブが表示されたことを確認してください。

これでマクロを使うためのメニュー設定は完了です。この［開発］タブをクリックすると、下のリボンの［コード］というグループの中にマクロ関連のボタンが表示されます。

本書では以降、この［開発］タブの［コード］グループにある各ボタンを使用する方法にて操作説明を行っていきますので、学習の際には、**必ずこの［開発］タブの表示設定をしたままでご利用ください。**

「こんにちは、みなさん！」マクロを作る

テーマ
セルに文字を自動表示する

1）まずはエクセルを起動して、以下の操作を行ってください。

❶ [開発] タブの [コード] で [マクロの記録] をクリック → 「マクロの記録」画面が出るので、そのまま [OK] をクリックします。

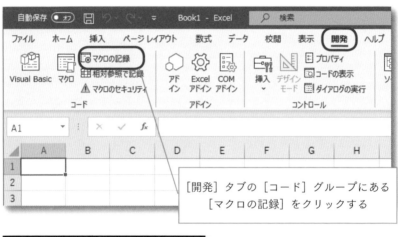

[開発] タブの [コード] グループにある
[マクロの記録] をクリックする

そのまま [OK] をクリックする

❷ 次に、B2 のセルに「こんにちは、みなさん！」と入力してみてくださ
い。

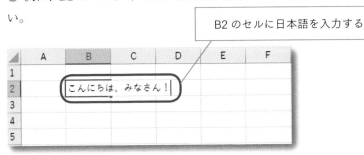

B2 のセルに日本語を入力する

❸ 入力し終わったら一度 [Enter] キーを押してから、[開発] タブの
[コード] で [■記録終了] をクリック。

一度 [Enter] キーを押して入力モードを解除してから、
※入力モード中は、次の操作ができません。

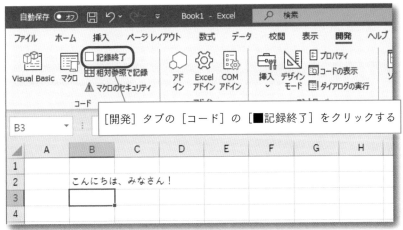

[開発] タブの [コード] の [■記録終了] をクリックする

たったこれだけで、「こんにちは、みなさん！」マクロのでき上がりです。

2)　では、さっそく実行してみましょう。

❶　まず、下のシートタブから［Sheet1］右横の ⊕ （［新しいシート］ボタン）を押して、新規のシート［Sheet2］を作成し、空のシートを開いてください。

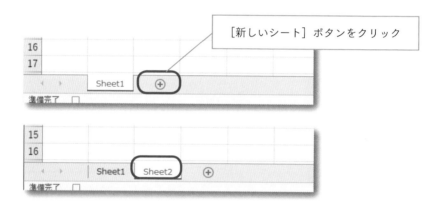

❷　そして、［開発］タブの［コード］で［マクロ］をクリック → 「マクロ」画面が出るのでそのまま［実行］をクリックします。

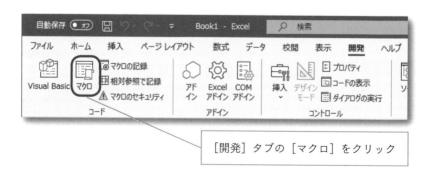

[Sheet2] の B2 の位置に「こんにちは、みなさん！」との文字が自動的に書き込まれたことと思います。

3) ここで、今作ったマクロのプログラムの中身をちょっとのぞいてみましょう。

❶ [開発] タブの [コード] で [Visual Basic] をクリックすると（次ページ）、見なれたエクセルの画面とは別にもう一つ見なれない画面が表示されるでしょう。

[Visual Basic] をクリックする

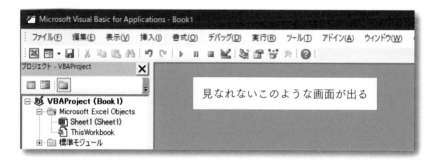

見なれないこのような画面が出る

❷ この画面の左上半分の ［＋標準モジュール］ の左側にある＋の部分
をクリックすると、そのすぐ下に ［Module1］ と表示されるので、その
［Module1］ をダブルクリックします。

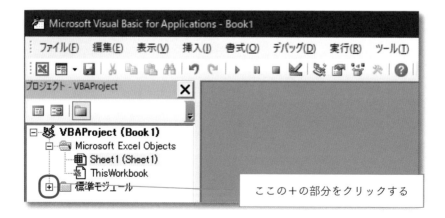

ここの＋の部分をクリックする

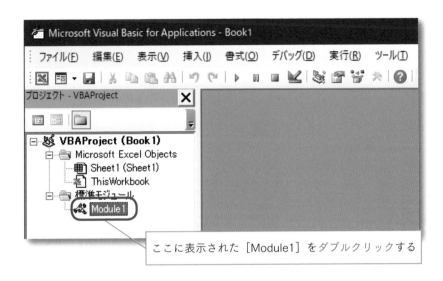

ここに表示された [Module1] をダブルクリックする

　すると右側に、以下に示す文字列が表示されます。これが今作った「こんにちは、みなさん！」と自動表示するマクロプログラムの正体です。

※今、このプログラムの意味を知る必要は全くありません！

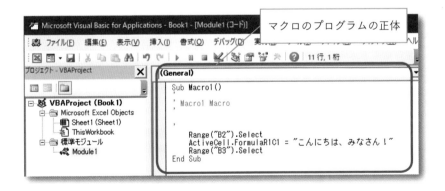

マクロのプログラムの正体

```
Sub Macro1()
'
' Macro1 Macro
'

    Range("B2").Select
    ActiveCell.FormulaR1C1 = "こんにちは、みなさん！"
    Range("B3").Select
End Sub
```

4) では次に、このマクロのプログラムを少しだけいじってみましょう。

❶ このプログラムの

ActiveCell.FormulaR1C1 = "こんにちは、みなさん！"

と書いてある行を

ActiveCell.FormulaR1C1 = "ハロー、みなさん！"

と変えてみてください。

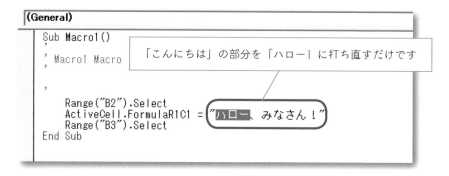

```
(General)
Sub Macro1()
'
' Macro1 Macro          「こんにちは」の部分を「ハロー」に打ち直すだけです
'
'
    Range("B2").Select
    ActiveCell.FormulaR1C1 = "ハロー、みなさん！"
    Range("B3").Select
End Sub
```

　これで、英語版（？）の「こんにちは、みなさん！」マクロのでき上が
りです。

5）さっそく実行してみましょう。

❶ タスクバーでエクセルの画面を表示して、

2) のときと同じ次の操作をしてください（シートは［Sheet2］のままで
OK です）。［開発］タブの［コード］で［マクロ］をクリック →「マク
ロ」画面が出るのでそのまま［実行］をクリック。

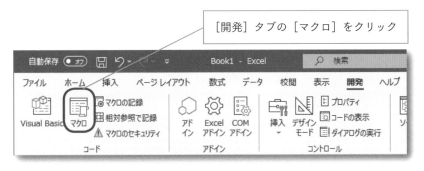

［開発］タブの［マクロ］をクリック

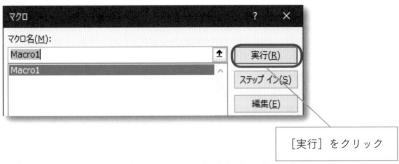

［実行］をクリック

「ハロー、みなさん！」マクロはできましたでしょうか？

6) 最後にもう一つ、またマクロのプログラムをちょっといじってみます。

❶ タスクバーで先ほどのプログラムが表示されている画面を表示して、
プログラムの

　　Range（"B2"）.Select
　と書いてある行を
　　Range（"E10"）.Select
　と変えてみてください。

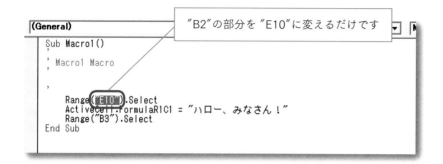

"B2"の部分を"E10"に変えるだけです

```
(General)
  Sub Macro1()
  '
  ' Macro1 Macro
  '
  '
      Range("E10").Select
      ActiveCell.FormulaR1C1 = "ハロー、みなさん！"
      Range("B3").Select
  End Sub
```

❷ 再びエクセルの画面を表示して（シートは［Sheet2］のままで OK で
す）、［開発］タブの［コード］で［マクロ］をクリック →「マクロ」画
面が出るのでそのまま［実行］をクリックします。

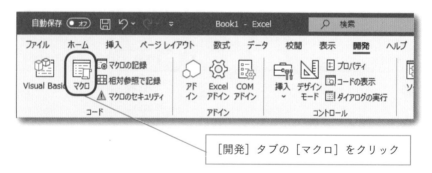

［開発］タブの［マクロ］をクリック

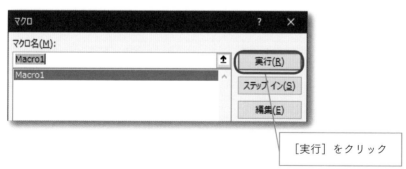

［実行］をクリック

今度は、シートの中ほどの E10 のセルに「ハロー、みなさん！」という文字が自動で書き込まれたことと思います。

もうみなさん、お分かりですよね。

　これで、ある位置（セル）に何かの文字を自動的で書かせるためのマクロが作れるようになりましたね！マクロ作成のはじめの第一歩です。

　それでは、練習のために自分の好きな位置に、好きな文字を、自動で表示してみてください。

　今回は、これで終了です。少しでも経験のある方にとっては「きっと簡単すぎるなぁ」と思われたことでしょう。ただし、本書はあくまでも「誰にでも簡単に！」を合言葉に、一歩ずつ着実に進んでいきます。
　さあ、次のレッスンに進みましょう！

テーマ

作ったマクロをくっ付ける方法

　今回作成する表は、「毎月の入出金金額から年間の合計を集計する」といったごく簡単な表です。表の項目は、とりあえず「月度」「入金額」「出金額」の3つだけにしておくことにします。

1）まずはエクセルを起動してから、以下の操作を行います。

❶［開発］タブの［コード］で［マクロの記録］をクリック →「マクロの記録」画面が出るのでそのまま［OK］をクリック。

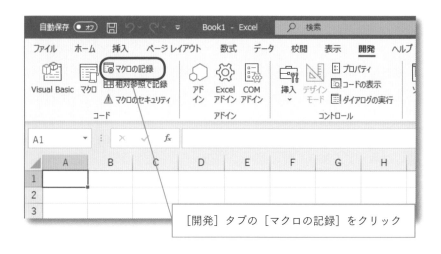

［開発］タブの［マクロの記録］をクリック

[OK] をクリック

❷ A1 のセルから順番に項目名を次のように入力していきます。

A1 に「月度」、B1 に「入金額」、C1 に「出金額」と入力します。

	A	B	C	D	E	F
1	月度	入金額	出金額			
2						
3						
4						

❸ 次に月度にあたる数字を A2 のセルから順番に次のように入力していきます。

A2 に「1」、A3 に「2」、A4 に「3」……、A13 に「12」と入力します。

❹ 最後にその下の A14 のセルに「合計」と入力してください。

	A	B	C	D	E
1	月度	入金額	出金額		
2	1				
3	2				
4	3				
5	4				
6	5				
7	6				
8	7				
9	8				
10	9				
11	10				
12	11				
13	12				
14	合計				
15					
16					

❺入力し終わったら一度［Enter］キーを押してから、［開発］タブの
［コード］で［■記録終了］をクリックします。

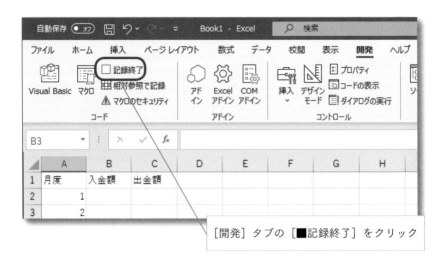

［開発］タブの［■記録終了］をクリック

とりあえず、これで前準備が終わりました。

2) では、さっそく実行してみましょう。

❶ まず、下のシートタブから［Sheet1］右横の ⊕ の［新しいシート］ボタンを押して、新規のシート［Sheet2］を作成して開いてください。

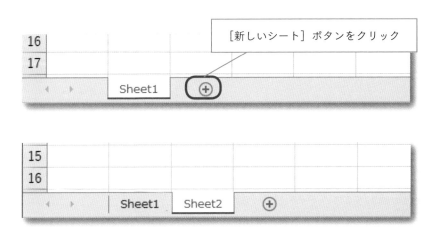

［新しいシート］ボタンをクリック

❷ そして、［開発］タブの［コード］で［マクロ］をクリック → 「マクロ」画面が出るのでそのまま［実行］をクリック。

［マクロ］をクリック

[実行] をクリック

　[Sheet2] に、[Sheet1] に作ったのと同じ表が自動的にできたことと思います。この仕組みは、前回お話したのと一緒です。

3) 次に、ここからが今回の本題です。

　表を作るというからには、これだけでは何か物足りません。罫線とか書式とかを整えたいですよね。そこで、以下の操作を行ってください。

❶ シートは現在開いている [Sheet2] のままで、[開発] タブの [コード] で [マクロの記録] をクリック → 「マクロの記録」画面が出るのでそのまま [OK] をクリック。

❷ まずは、ここで罫線を引きます。

※ここでの罫線等は適当に設定しても構いませんが、後で見るマクロプログラムの見た目が変わってしまうので、なるべく説明どおりに行うようにしてください。

A1 のセルから C14 のセルまでを選択した状態にして、

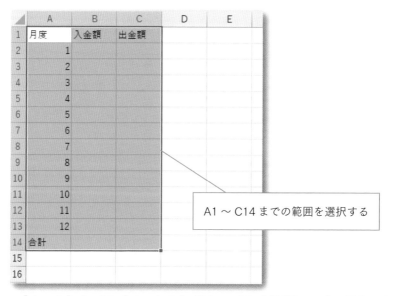

A1 〜 C14 までの範囲を選択する

［ホーム］タブの［フォント］グループの［罫線］のプルダウンから
「格子 (A)」を選んで、通常の罫線を設定します。

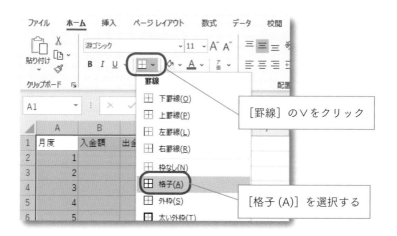

［罫線］の∨をクリック

［格子 (A)］を選択する

❸ 続けて、［ホーム］タブの［配置］グループの［中央揃え］をクリックしてください。

❺ 最後に、マクロの記録を終了します。

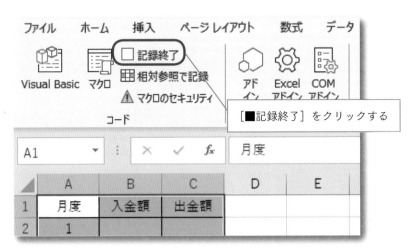

これで、ちょっとは表らしくなりましたね！

4）実行してみましょう。

❶ まず、下のシートタブから［Sheet2］右横の ⊕（［新しいシート］ボタン）を押して、新規のシートをもう一つ［Sheet3］を作成して開いてください。

　ここで（今作成した［Sheet3］上で）、A1のセルを選択した状態にしてください。

❷ そして、［開発］タブの［コード］で［マクロ］をクリック →「マクロ」画面が表示されるので、そのまま（「Macro1」が選ばれた状態で）［実行］をクリック。

Macro1 のまま、［実行］をクリック

❸ 続けてもう一度、［開発］タブの［コード］で［マクロ］をクリック →「マクロ」画面が出るので、今度はマクロ名に「Macro2」という方を選んでから［実行］をクリック。

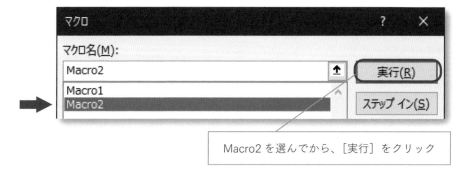

Macro2 を選んでから、［実行］をクリック

これで、［Sheet3］に先ほど作ったのと同じ表が自動的にできたことと思います。

もうお気付きかも知れませんが、この表を作ったときに2回に分けて（項目名を入れたときと罫線などを入れたとき）「マクロの記録」を行いましたので、「Macro1」と「Macro2」という2つのマクロプログラムが作成されたというわけです。

当然のことながら、「Macro1」の方が最初に実行した項目名を入力したときのもので、「Macro2」が後から操作して罫線などを入力したときのものになります。

5）では、ちょっとここでマクロプログラムの中身をのぞいてみましょう。

❶［開発］タブの［コード］で［Visual Basic］をクリックすると、見なれたエクセルの画面とは別にもう一つ見なれない画面（前のレッスンで見ましたが）が表示されたと思います。

［Visual Basic］をクリックする

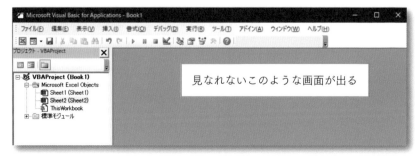

見なれないこのような画面が出る

❷ この画面の左上半分の［＋標準モジュール］にある＋の部分をクリックすると、そのすぐ下に［Module1］と表示されるので、その［Module1］をダブルクリックします。

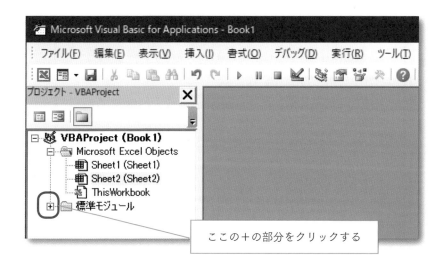

ここの＋の部分をクリックする

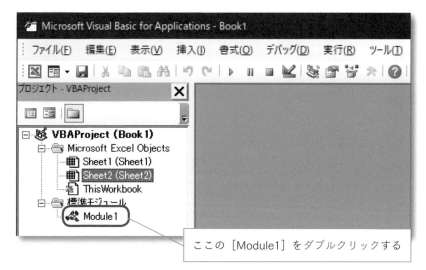

ここの［Module1］をダブルクリックする

すると、右側に次ページに示す文字列が表示されます。

```
Sub Macro1()

' Macro1 Macro

'

    ActiveCell.FormulaR1C1 = "月度"
    ActiveCell.Characters(1, 2).PhoneticCharacters = "ゲツド"
    Range("B1").Select
    ActiveCell.FormulaR1C1 = "入金額"
    ActiveCell.Characters(1, 2).PhoneticCharacters = "ニュウキン"
    ActiveCell.Characters(3, 1).PhoneticCharacters = "ガク"
    Range("C1").Select
    ActiveCell.FormulaR1C1 = "出金額"
    ActiveCell.Characters(1, 2).PhoneticCharacters = "シュッキン"
    ActiveCell.Characters(3, 1).PhoneticCharacters = "ガク"
    Range("A2").Select
    ActiveCell.FormulaR1C1 = "1"
    Range("A3").Select
    ActiveCell.FormulaR1C1 = "2"
            .
            .
            .
    Range("A14").Select
    ActiveCell.FormulaR1C1 = "合計"
    ActiveCell.Characters(1, 2).PhoneticCharacters = "ゴウケイ"
    Range("A15").Select
End Sub
Sub Macro2()

' Macro2 Macro

'

    Range("A1:C14").Select
    Selection.Borders(xlDiagonalDown).LineStyle = xlNone
    Selection.Borders(xlDiagonalUp).LineStyle = xlNone
    With Selection.Borders(xlEdgeLeft)
        .LineStyle = xlContinuous
        .ColorIndex = 0
        .TintAndShade = 0
        .Weight = xlThin
    End With
            .
            .
        .ReadingOrder = xlContext
        .MergeCells = False
    End With
End Sub
```

Macro1 および Macro2 のプログラムの正体

※ちょっと長いプログラムになっていますので、前回同様、今このプログラムの意味を知る必要は全くありませんのでご安心ください。これ以降もこの辺りの理解は必要ありません！

これが先ほど実行した「Macro1」と「Macro2」という2つのマクロプ
ログラムの正体です。

6) では次に、このプログラムをちょっとだけ、いじってみましょう。

❶ プログラムの中ほどの

　　End Sub

　　Sub Macro2( )

　と書いてあるこの2行だけを削除してください。

※ちょっと長いプログラムなので、この2行の位置が中々見当たらない方は、50行目辺りを探
　して見てください。

　　'

　　' Macro2 Macro

　　'

という「緑色」で表示されている行を目印にして、この1行上にあります
ので、捜してみてください。

この2行を捜して削除する

【コメントについて】
　画面上のプログラムの緑色になっている部分はコメントです。処理はされ
ない部分なので、この部分にはメモ等自由に書き込みをして構いません。そ
の逆に、この部分にいくらプログラムを書き入れても処理はされませんので
ご注意ください。

---

7) 実行してみましょう。

❶ タスクバーでエクセルの画面に戻ります。

　まず、4つ目のシート［Sheet4］を新規に作っておいてください（エクセルの画面下部の ⊕（［新しいシート］ボタンを押して作りましょう）。

❷ ここで、今作成した［Sheet4］のA1のセルが必ず選択された状態で、［開発］タブの［コード］で［マクロ］をクリック → 「マクロ」画面が出るので、そのまま［実行］をクリック。

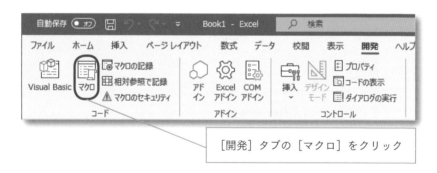

　今度は、1回の実行で罫線まで入った表ができあがります。

	A	B	C	D	E	F
1	月度	入金額	出金額			
2	1					
3	2					
4	3					
5	4					
6	5					
7	6					
8	7					
9	8					
10	9					
11	10					
12	11					
13	12					
14	合計					
15						
16						

Sheet1　Sheet2　Sheet3　Sheet4　⊕

　要するに、2つのマクロを1つにくっ付けたというだけです。「マクロ1の終わりのしるし」と「マクロ2のはじめのしるし」を削除したというわけです。

　この方法を使えば、2つでも3つても4つでも「マクロの記録」で作ったマクロをくっ付けて、1回で実行できる1つのマクロにできます。6)で削除した2行を同じように消していくだけです。

　終わるときは、必ず40ページのコラム「マクロファイルの保存方法」で紹介する方法でエクセルファイルを保存することによって、このマクロプログラムも一緒にエクセルファイルに保存されます。

　今回作った入出金の表は、次回もこの続きで使いますので、必ず保存しておいてください。今回は第2回のレッスンなので、ファイル名はgogo02と付けておいてください。あとあと便利ですので。

マクロファイルの保存方法

　ファイルを閉じて終了するときは、「ファイルの種類」を必ず、以下で示す「Excelマクロ有効ブック（*.xlsm）」にして保存してください。これにより、エクセルファイルとともに作成したマクロプログラムも一緒に保存されます。

　その保存方法を示します。

　エクセルの画面左上の［ファイル］→［名前を付けて保存」→［参照］→［名前を付けて保存］画面の「ファイルの種類（T）」でプルダウンから上から2番目の［Excelマクロ有効ブック（*.xlsm)］を選び、その上にある「ファイル名（N）」に任意のファイル名を指定して、［保存］ボタンで終了します。

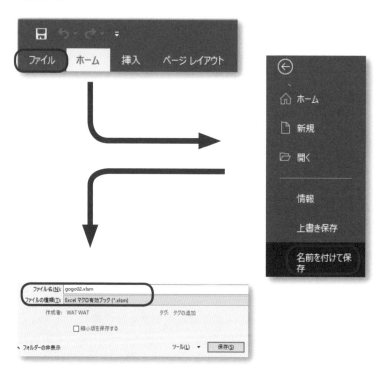

テーマ

作ったマクロを呼び出す方法

　まずは、前回途中まで作った表のエクセルファイル gogo02.xlsm を用意してください。

※解説の都合上、前レッスンで gogo02 ができたら、一旦セーブをしてエクセルを閉じてから、再び開いた前提で説明します。

1）最初に、前回作りかけの表の、入出金金額を入力するセルに、書式の通貨を設定するためのマクロを記録します。

❶ gogo02 を開きます。この際、セキュリティの警告（画面上方の黄色い帯）が表示された場合には、その右横の［コンテンツの有効化］ボタンをクリックしてください。

> **【マクロのセキュリティ警告について】**
> 　Excel 2010 以降では、セキュリティ関連の設定が改善され、この「コンテンツの有効化」のボタンをクリックするだけとなりました。このボタンを一度押すと、以降このファイルのマクロが有効となり、同ファイルを開いた場合にこのボタンは表示されません。

❷ 前回、最後にマクロで自動作成した入出金集計表がシート ［Sheet4］
にあると思いますので、［Sheet4］を開いた状態にしてください。

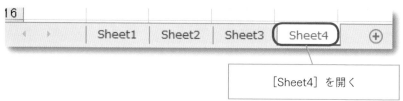

［Sheet4］を開く

❸ ［開発］タブの ［コード］で ［マクロの記録］をクリック → マクロの
記録画面が出るので、そのまま ［OK］をクリック。

❹ B2 のセルから C14 のセルまでを選択した状態にし、マウスを右クリッ
クします。

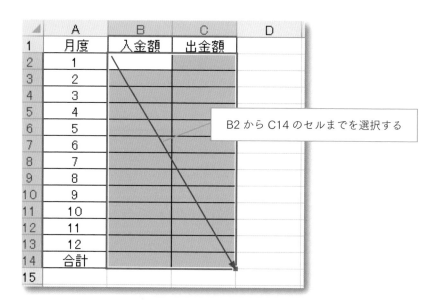

B2 から C14 のセルまでを選択する

　右クリック → ［セルの書式設定（F）...］→ ［セルの書式設定］画面の
［表示形式］タブの分類で ［通貨］を選択し、下の ［OK］ボタンをクリ
ックして ［セルの書式設定］画面を閉じます。

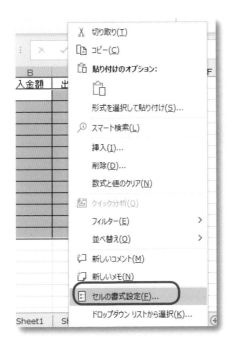

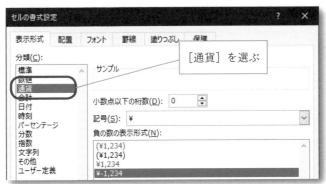

❺ 最後に、マクロの記録を終了します。[開発] タブの [コード] にて
[■記録終了] をクリックします。

2) 次に、今回はまず実行してみる前に、ちょっとマクロプログラム
の中身をのぞいてみることにします。

❶ まず、[開発] タブの [コード] で [Visual Basic] をクリックする
と、マクロプログラムの画面が表示されます。

[Visual Basic] をクリックする

❷ この画面の左上半分の [−標準モジュール] という個所のすぐ下に
[Module1] と [Module2] が表示されていると思いますが、その [Mod-
ule2] の方をダブルクリックしてください。

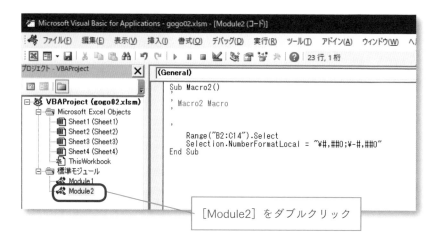

[Module2] をダブルクリック

※ [Module2] が表示されていない方は、セーブをせずに、一旦エクセルを閉じてから再び開いて、
　1) からやり直してみてください。

```
Sub Macro2()
'
' Macro2 Macro
'
'
    Range("B2:C14").Select
    Selection.NumberFormatLocal = "¥#,##0;¥-#,##0"
End Sub
```

　これが先ほどの1)で作った［通貨］の書式設定をするマクロプログラ
ムです。

　次に、前回やったようにこのプログラムの2行

End Sub

Sub Macro2()

を削除して、前回作ったマクロとくっ付けて1回で実行できるようにして
みようとすると……？？

　画面の左上半分の［Module1］の方をダブルクリックしてみると分かる
ように、前回作ったプログラムは［Module1］の方にあります。

　今回は、マクロが記録された場所が別々になってしまったわけです。こ
れでは、前回のように2行を削除してくっ付けることはできません。

　一度エクセルを終了し、再び開いて「マクロの記録」をすると、その都
度別の場所［Module2］、［Module3］、［Module4］……というように記録
されていきます（エクセルを終了するまでは、同じ番号の［Module］に
記録されていきます）。

　これでは、マクロは1日で全部作り終えなければならないようなことに
なってしまいますので、都合が悪いですよね。では、この場合はどうすれ
ばよいのでしょうか？

ここからが今回の本題です。

3) そこで、このプログラムにちょっとだけ書き込みをしてみましょう。

❶ 画面の左上半分の［Module1］の方をダブルクリックして、前回作っ
たマクロプログラムを表示します。

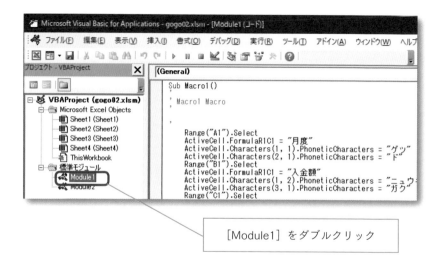

［Module1］をダブルクリック

❷ そのマクロプログラムをスクロールして最後の行を見てください。最
後の2行はこのように書かれていると思います。

❸ そこで次のように、最後の行（End Sub）と最後から2番目の行（End
With）の間に、Call Macro2 と手で入力し、この1行を追加してくだ
さい。

```
            End With
            Call Macro2
        End Sub
```

　3回目のレッスンにして、初めてエクセルマクロのプログラムを自分で書きました（たった1行だけですが……）。

【大文字と小文字、全角と半角】
　このプログラム（VBA）の書き方では、大文字と小文字の区別はありませんので、大文字と小文字は気にしないで打ち込んで構いません。
　ちなみに、入力をしてから別の行に移ると、自動的に必要な部分が大文字に変わる仕組みです。ただし、全角と半角は区別されますので必ず半角で打ってください。

4）さっそく実行してみましょう。

❶ タスクバーでエクセルの画面に戻って、また新たなシート［Sheet5］を作ってください。これまでのように、エクセル画面下部の ⊕ ボタンをクリックします。
　ここで（今作成した［Sheet5］上で）、A1のセルを選択した状態にしてください。

❷ その［Sheet5］を開いた状態で、［開発］タブの［コード］で［マクロ］をクリック → マクロの画面が出ますので、マクロ名に「Macro1」が選択されている状態でそのまま［実行］をクリック。

❸ 確認のために、B2 のセルに数字で、1000 と入力してみます。

	A	B	C	D
1	月度	入金額	出金額	
2	1	¥1,000		
3	2			
4	3			
5	4			
6	5			
7	6			
8	7			
9	8			
10	9			
11	10			
12	11			
13	12			
14	合計			
15				

B2 のセルが ¥1,000 と表示されれば OK です。

Call とはその名の通り、呼ぶということなので、上の例では、「Macro2 というマクロプログラムの処理を Macro1 から呼び出して実行する」という意味になります。

この Call MacroX という1行（以下「Call 文」と言います）を加える方法でも、先回の方法と同様に2つでも3つでも4つでも、簡単に「マクロの記録」で作ったプログラムを1回で実行できるようになります。

今回はこれで終了です。
今作った入出金の表は次回もこの続きでまた使います。そのため、マクロ有効ブックで保存しておいてください。今回は3回目のレッスンなので、前回のとは別名の gogo03 と付けておいてください。

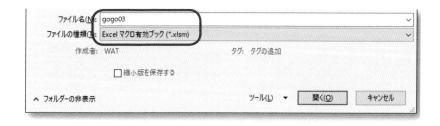

テーマ

新規のシートを作る方法

まずは、前回途中まで作った表のエクセルファイル gogo03.xlsm を用意
してください。

※解説の都合上、前レッスンで gogo03 ができたら、一旦セーブをしてエクセルを閉じてから、
　再び開いた前提で説明します。

1）最初に、前回作りかけの表の、入出金金額を入力するセルに書式の通
貨を設定するためのマクロを記録します。

gogo03 を開きます。この際、セキュリティの警告（画面上方の黄色い
帯）が表示された場合には、その右横の［コンテンツの有効化］ボタンを
押してください。

❷ 前回、最後にマクロで自動作成した入出金集計表がシート［Sheet5］
にあると思いますので、［Sheet5］を開いた状態にしてください。

❸［開発］タブの［コード］で［マクロの記録］クリック → マクロの記
録画面が出るのでそのまま［OK］をクリック。

❹ B14のセルを選択し、そこに =SUM(B2:B13) と手で打ってください。

【注意】・必ずすべて半角文字で入力ください。
　　　　・SUM の前の = を忘れずに！

> B14 のセルに = SUM（B2：B13）
> と入力する

❺ 同様に、C14 のセルを選択し、=SUM（C2：C13）と入力してください。

❻ 打ち終わったら一度［Enter］キーを押してから、［開発］タブの［コード］で［■記録終了］をクリック。

　これで、合計金額を表示するためのマクロが記録できました。

2）次に、今回はまず実行してみる前に、もう一つ、ちょっとしたマクロを記録しましょう。

❶ 使用するシートは現在開いているシート［Sheet5］のままで、［開発］タブの［コード］で［マクロの記録］をクリック → マクロの記録画面が出るのでそのまま［OK］をクリック。

❷ 次に、新たなシート［Sheet6］を作ります。画面下部の［新しいシート］の ⊕ ボタン をクリック。

ここでのシート移動等はしないでください！

❸ シート［Sheet6］ができたら、マクロの記録を終了します。［開発］タブの［コード］で［■記録終了］をクリック。

【補足】記録の終了後のシート移動は構いません。

```
【記録中のシートの移動】
　マクロの記録中にシートを移動する（順番を並べ替える）などを行
うと、その操作自体も記録がされてプログラムに反映されます。記録
終了後であれば、記録されませんのでどんな操作をしてもプログラム
に影響はありません。
```

　これで、新たなシートを作るためのマクロが記録できました。

3）次に、まず実行してみる前に、マクロプログラムの中身を先にのぞいてみることにします。

❶ まず、［開発］タブの［コード］で［Visual Basic］をクリック。マクロプログラムの画面 が表示さます。

❷ この画面の左上半分の［－標準モジュール］という個所のすぐ下に［Module1］と［Module2］と［Module3］の３つが表示されているでしょう。その中の３番目［Module3］をダブルクリックしてください。

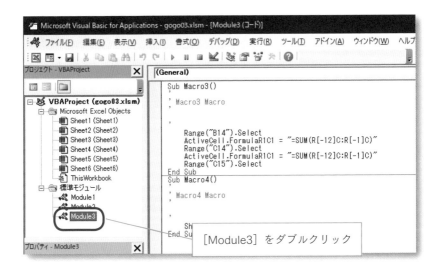

これが先ほどの1）と2）で作った「合計の金額を表示するマクロ」と「新たなシートを作るマクロ」のプログラムです。

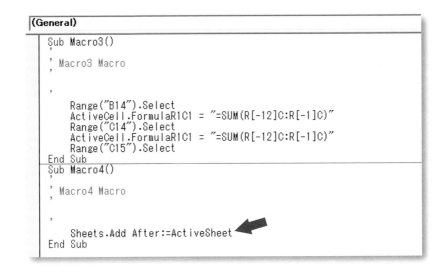

　コメント行（'で始まる緑色の行）を除けばごく短いプログラムですの
で、もうなんとなく意味がお分かりになる方もいらっしゃると思います。
ただし、例のごとく、「今、このプログラムの意味を理解する必要は全く
ありません！」ので、分からないという方でも全然心配はいりません。

4）それでは次に、前回と同じ方法でプログラムにちょっと書き込みをし
てみたいと思います。

❶ 今度は、画面の左上半分の［Module1］の方をダブルクリックして、
以前作ったちょっと長めのプログラムを表示します。

❷ そのマクロプログラムをスクロールして最後の行をみてください。

```
        End With
        Call Macro2
End Sub
```

　最後の3行はこのように書かれていると思います。覚えていますか？
下から2番目の行は、前回に書き加えた Call 文でしたね。

❸ 次のように、最後の行（End Sub）と最後から2番目の行（Call
Macro2）の間に、Call Macro3 と手で入力して1行追加してください。

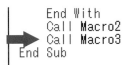

```
        End With
        Call Macro2
➡️      Call Macro3
End Sub
```

【大文字と小文字、全角と半角】

　前回も言いましたが、このプログラム（VBA）の書き方では、大文字と小文字の区別はありませんので、大文字と小文字は気にしないで打ち込んで構いません（打って別の行を触ると自動的に変わる仕組みでしたね）。ただし、全角と半角は区別されますので、必ず半角で打ってください。

　この意味は、前回お話したのと全く同じですので、「Macro3 というマクロプログラムの処理を Macro1 から呼び出して実行する」という意味になります。

　この場合の Macro3 の処理とは、先ほど 1）で作成した「合計金額を表示するマクロ」のことです。

5）次にもう 1 カ所、同じ方法でプログラムにちょっと書き込みをします。

❶ 上と同じ［Module1］のマクロプログラムをスクロールして、今度は最初の行を見てください。

```
(General)
  Sub Macro1()
  '
  ' Macro1 Macro
  '
  '
      ActiveCell.FormulaR1C1 = "月度"
```

　最初の行はこのように書かれていると思いますので、**ActiveCell.**

FormulaR1C1 = "月度" と書かれている行の上に次のように Call
Macro4 と手で入力して1行追加してください。

```
(General)

  Sub Macro1()
  '
  ' Macro1 Macro
  '

  '
      Call Macro4
      ActiveCell.FormulaR1C1 = "月度"
```

【注意】

　今追加した Call Macro4 の前に ' のマークが付いていると（この行
が緑色表示となり）、コメント行として実行されません。そのため、こ
の行の先頭に ' のマークが付いている（Call Macro4 が緑色表示になっ
ている）場合には、先頭の ' マークを削除してください。

　この場合の Macro4 の処理というのは、2) で作成した「新たなシート
を作るマクロ」のことです。先ほどの Macro3 とはマクロを呼び出す位置
が違うということになります。

　新たなシートというのは、表を書き込む前に作っておかなければならな
いものですから、必ず実行するマクロの最初の部分で呼び出す必要があり
ます。

5) それでは、実行してみましょう。

❶ 今回は実行前に開いておくシートは、これまでとは違って ［Sheet6］
でも ［Sheet1］ でも何でも構いません。［開発］ タブの ［コード］ で ［マ
クロ］ をクリック → 「マクロ」画面が出るのでマクロ名に 「Macro1」 が
選択されている状態でそのまま ［実行］ をクリックします。

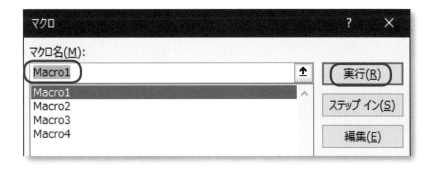

　これで新しいシート［Sheet7］に、先ほど作ったのと同じ表が自動的にできたことでしょう。

	A	B	C	D	E
1	月度	入金額	出金額		
2	1				
3	2				
4	3				
5	4				
6	5				
7	6				
8	7				
9	8				
10	9				
11	10				
12	11				
13	12				
14	合計	¥0	¥0		
15					
16					
17					

◀ ▶ … │ Sheet5 │ Sheet6 │ Sheet7 │ ⊕

　念のために、この表の毎月の入金欄や出金欄に金額を適当に入れてみて、合計金額が正しく表示されることを確認してみてください。
　もし、うまく合計金額が表示されない場合は、途中で順番など間違えた

りして記録されたマクロに違いが出てしまったためではないかと思われます。そのため、セーブをせずに gogo03 を一旦終了し、もう一度、1）からやり直してみてください。

　今回はこれで終了です。
　以上で、簡単なものではありますが、入出金集計表マクロの一応の完成です！
　今回作った入出金の表とマクロは第2章のレッスン8でまた使いますので、必ず Excel マクロ有効ブック（*.xlsm）のファイル形式で、gogo04.xlsm というファイル名をつけて、大切に保存しておいてください。

「マクロの記録」を最大活用すること！

　エクセルに標準で備わっている「マクロの記録」という機能は、マクロを勉強しようという人にとって最大の武器になります。なぜなら、この機能をうまく使うことによって、わざわざ難しいプログラムの意味を理解するような勉強をしなくても、「プログラムの大部分」が作れてしまうからです。

　「プログラムの大部分」は、この「マクロの記録」機能を最大限に使って自動で作成してしまい、後はほんの数カ所の修正を手で加えていくだけで、使えるマクロを組んでしまおう ── これが初心者にとって有意義なマクロ作成法なのです。

　「マクロの記録」機能を「いかにうまく活用できるようになれるか」が、エクセルマクロ作りの上達では最も重要なカギを握っていると言えます。

　とにかく、エクセルのマクロ作りは

　マクロの記録 ＋ ちょっとした修正や追加を加える

というのが鉄則中の鉄則であるということを、よく頭の中に入れておいてください。

「マクロの記録」を最大限活用しよう！

データ取得の基本を
マスターする

テーマ
変数を使ってみる

　前回のレッスンまでに、「マクロの記録」を使って簡単な「入出金表を自動で作るマクロ」を一応完成することができました。ただ、この本ではこれまで、プログラムの内容については全くといっていいほど解説をしていません。

　なぜなら、もう経験していただいたように、プログラムの難しい意味（つまり、内容ですね）を理解しなくても、「マクロの記録」をうまく活用することで、簡単な表を自動で作るマクロくらいなら誰にでもすぐに作れてしまうからです。

　ところで、エクセルのマクロによらずプログラムというものは、多くの場合、**「入力・処理・出力」という3つの流れで構成される**、ということを覚えておいてください。

　エクセルマクロの場合、「マクロの記録」を使えば大抵のことはできてしまうのですが、残念なことに、記録ができるのはこの3つ中の「出力」だけに限られます。「入力」すなわち、どこかからデータをプログラムに取り込むという行為は、「マクロの記録」では扱うことができません。なぜかというと、「マクロの記録」では、なにか結果に残る操作（例えば、「こんにちは、みなさん！」と表示したり、新しいシートを作ったり、など）をしなければ、マクロとしては記録できないからです。

　ただ、「マクロの記録」だけで入力ができないからといって、心配はいりません！

　エクセルのマクロプログラムの「入力」とは、「あるセルに表示されているデータを取得すること」が大半の目的になります。それさえできてし

まえば、大抵の用は足りてしまうのです。それなら、ほんの1、2行「マクロの記録」で自動記録したマクロプログラムを手で書き換えてやれば済む話です。

　ちょっと長く分かりにくい話になってしまいましたので、ここからは具体的な例を挙げて解説していきましょう。

　今回は、「セル A3 のデータを取得して、セル B5 に表示する」というマクロを作ってみましょう。

1）例のごとく、「マクロの記録」を使って簡単なマクロを作ってみます。

❶ エクセルを起動します。空のエクセルを立ち上げてください。

❷ ［Sheet1］を開いた状態で、［開発］タブの［コード］で［マクロの記録］をクリック → 「マクロの記録」画面が出るので、そのまま［OK］をクリックします。

❸ 次に A3 のセルを選択し、とりあえず 123 と打ってみてください。同様に B5 のセルを選択し 456 と打ちます。

	A	B	C	D	E
1					
2					
3	123				
4					
5		456			
6					
7					

❹ 打ち終わったら一度［Enter］キーを押してから（入力モードを解除す

るという意味で）、［開発］タブの［コード］で［■記録終了］をクリック
して、マクロの記録を終了します。

　これでまず、準備段階のマクロが記録できました。

2）このマクロプログラムを実行する前に、その中身を先にのぞいてみま
しょう。

❶［開発］タブの［コード］で［Visual Basic］をクリック。すると、も
う見なれたマクロプログラム用の画面が表示されます。

❷　この画面の左上半分の［＋標準モジュール］という個所の＋の部分
をクリックすると、そのすぐ下に［Module1］と表示されるので、その
［Module1］をダブルクリックします。

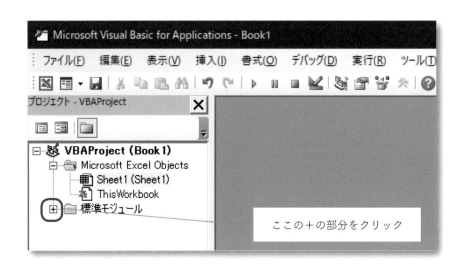

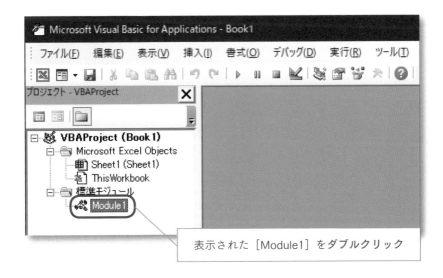

表示された［Module1］をダブルクリック

```
(General)
  Sub Macro1()
  '
  ' Macro1 Macro
  '
  '
      Range("A3").Select
      ActiveCell.FormulaR1C1 = "123"
      Range("B5").Select
      ActiveCell.FormulaR1C1 = "456"
      Range("B6").Select
  End Sub
```

これが、今作った準備段階のマクロプログラムです。

3) 次に、このプログラムにちょっと手を加えます。

❶ まず、

　　ActiveCell.FormulaR1C1 = "123"

　と書いてある行を

　　a = ActiveCell.Value

と書き換えてください。

※大文字と小文字の区別は気にする必要はありませんが、必ず全部半角文字で入力してください。

❷ 次に、同じように、

    ActiveCell.FormulaR1C1 = ″456″

と書いてある行を

    ActiveCell.FormulaR1C1 = a

と書き換えます。

※上記の修正は＝の右側の″456″の部分をaに書き換えるだけです。このaの前後には″ ″マークはつきませんのでご注意ください。

　書き換えた後のプログラムは次のようになります。

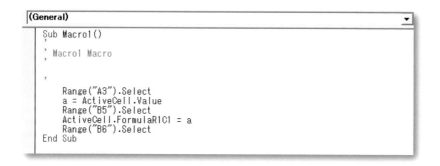

```
(General)

Sub Macro1()

' Macro1 Macro


    Range("A3").Select
    a = ActiveCell.Value
    Range("B5").Select
    ActiveCell.FormulaR1C1 = a
    Range("B6").Select
End Sub
```

4) それでは、さっそく実行してみましょう。

❶ まず、エクセルの画面に戻って、下のシートタブから新規にシートを1つ作り、[Sheet2] を開きます。

❷ 次に、A3 のセルに 987 と打ってください。

❸ 打ち終わったら一度［Enter］キーを押してから、［開発］タブの［コード］で［マクロ］をクリック →「マクロ」画面が出るので、そのまま［実行］をクリックしてください。

実行した結果、B5 のセルにも 987 と表示されれば OK です。

これで、今回目標の「セル A3 のデータを取得して、セル B5 に表示する」というマクロが完成しました。

なお、実行前に A3 のセルに入力した 987 は、別に何でも構いません。数字でなくても（日本語の文字でも）構いませんので、試しに A3 のセル

に こんにちは と入力して、もう一度マクロを実行してみてください。今度は、B5 のセルに こんにちは と表示されたことでしょう。

　では、ここで問題です！今作ったマクロのプログラムを、以下の例題となるように修正してみてください。

【例題】セル C15 のデータを取得して、セル D25 に表示する。

　　ヒント
　　2 つの例題文のちがう個所を探してみましょう。
　　「セル A3 のデータを取得して、セル B5 に表示する」
　　「セル C15 のデータを取得して、セル D25 に表示する」

　もう、お分かりですよね？！ 答えは、プログラム中の A3 を C15 に、B5 を D25 に変えるだけです。

```
(General)                                                    ▼

  Sub Macro1()

  ' Macro1 Macro
  '

  '
      Range("C15").Select
      a = ActiveCell.Value
      Range("D25").Select
      ActiveCell.FormulaR1C1 = a
      Range("B6").Select
  End Sub
```

　上のプログラムの a というのが、プログラム用語でいうところの「変数」というものです。
　変数とは、データを入れておくための箱のような入れ物のことです。その入れ物には必ず名前をつける必要があります。この場合は、「C15 のセルのデータを入れておくための入れ物が a という名前のついた箱であ

る」ということになります。

　これでもう、あるセルのデータを取得して、他のセルに自動的に表示するというマクロプログラムが作れるようになりましたね！
　短いマクロプログラムですが、これが今回のはじめに説明したプログラムの３つの流れ「入力・処理・出力」における、「入力」と「出力」の２つを扱ったマクロプログラムということになるわけです。

　今回はこれで終了です。作ったマクロは、この本では以後使用しませんが、自分が作ったものは復習や今後の参考のためにも、なるべく分かりやすい名前をつけて、必ず「Excel マクロ有効ブック（*.xlsm）」にて保存しておく習慣をつけておくことをオススメします。今回のマクロは、gogo05.xlsm と名づけて保存しておけば、後々忘れてしまったときでも、見なおしが容易になりますね。

> **！　今回のポイント**
>
> 「マクロの記録」でも、１行書き換えるだけでセルのデータが読み込める。

　次回のレッスンでは、「入力」と「出力」だけでなく、「処理」を加えたマクロプログラムを作りましょう。

「コンパイルエラー：変数が定義されていません」というメッセージが表示された場合の対処方法

　マクロを動かそうとしたときに、「コンパイルエラー：変数が定義されていません」というメッセージが表示されることがあります。このエラーの原因と対処法を説明します。

　このエラーの原因は、「オプション設定の問題」にあります。エラーを解消するために、以下の手順で対処します。

❶ プログラムの一番先頭部に"Option Explicit"という記述が入っていると思います。この1行を削除してください。

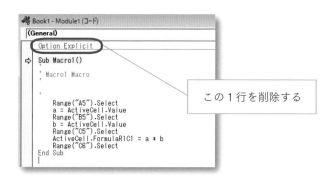

❷ VBE の「オプション」のデフォルト設定（初期設定）を変更している場合には、上記❶の"Option Explicit"という記述が毎回、プログラムの先頭部分に勝手に挿入されてしまいます。なので、以下の設定を確認してください。

　VBE の画面（プログラムの画面）の [ツール (T)] → [オプション (O)] で表示されるオプション画面の「編集」タブの中に、[変数の宣言を強制する] というチェック項目があります。そのチェックが入っている場合には、そのチェックを外してください。

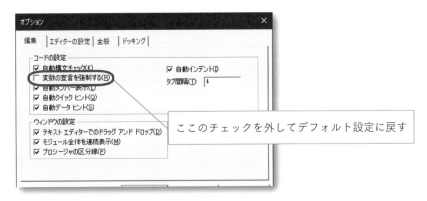

　この [変数の宣言を強制する] という設定は、デフォルトではチェックが入っていないのですが、同じパソコンを使っている他の人が故意にチェックを入れた、もしくは以前にマクロの勉強をしたときにチェックを入れてそのままにしている、といった可能性があるでしょう。
　よほどプロ級のプログラムを組みたいのならいざ知らずですが、ビジネスパーソンが業務の自動化で行うマクロのプログラミングでは多くの場合で不要なオプション設定になります。そのため、このオプションは元通りに戻して（チェックを外して）ご利用ください。

テーマ
足し算や掛け算

　前回から、「入力・処理・出力」というプログラムの基本動作を「マクロの記録」を活用してどうやって実現するか、といった内容に入りました。

　今回は、前回の「入力」と「出力」に加えて、「処理」のプログラムについて説明します。「処理」といっても決して難しいものではありません。ただの足し算や掛け算程度のものですので、ご安心ください。

　そこで、今回は、「セル A5 とセル B5 のデータを取得して、足した結果をセル C5 に表示する」というマクロを作ってみることにします。

1) いつものように「マクロの記録」を使って簡単なマクロを作ってみます。

❶ エクセルを起動します。空のエクセルを立ち上げてください。

❷ さっそく「マクロの記録」を開始します。[開発]タブの[コード]で[マクロの記録]をクリック → 「マクロの記録」画面が出るので、そのまま[OK]をクリックします。

❸ 次に A5 のセルを選択し、とりあえず 123 と打ってください。続けて同様に、B5 のセルを選択し 456 と打ちます。続けて、C5 のセルを選択し 789 と打ちます。

	A	B	C	D	E
1					
2					
3					
4					
5	123	456	789		
6					
7					

❹ 打ち終わったら一度［Enter］キーを押してから、［開発］タブの［コード］で［■記録終了］をクリックして、マクロの記録を終了します。

　これで、準備段階のマクロが記録できました。

2）今回もまず、マクロプログラムの中身を先にのぞいてみることにします。

❶　［開発］タブの［コード］で［Visual Basic］をクリック。すると、もう見なれたマクロプログラム用の画面が表示されます。

❷　この画面の左上半分の［＋標準モジュール］という個所の＋の部分をクリックすると、そのすぐ下に［Module1］と表示されるので、その［Module1］をダブルクリックします。

```
(General)                                                          ▼

  Sub Macro1()
  '
  ' Macro1 Macro
  '
  '
      Range("A5").Select
      ActiveCell.FormulaR1C1 = "123"
      Range("B5").Select
      ActiveCell.FormulaR1C1 = "456"
      Range("C5").Select
      ActiveCell.FormulaR1C1 = "789"
      Range("C6").Select
  End Sub
```

これが、今作った準備段階のマクロのプログラムです。

3）続いて、このプログラムに少し手を加えてみます。前回もこれと似た
ようなことはしましたので、思い出しながら行ってください。

❶ まず、

  ActiveCell.FormulaR1C1 = "123"

と書いてある行を

  a = ActiveCell.Value

と書き換えてください。

※大文字と小文字の区別は気にする必要はありませんが、必ず全部半角文字で入力してください。

❷ 次に、

  ActiveCell.FormulaR1C1 = "456"

と書いてある行を

  b = ActiveCell.Value

と書き換えます。

❸ 最後に、

　　ActiveCell.FormulaR1C1 ="789"

と書いてある行を

　　ActiveCell.FormulaR1C1 = a + b

と書き換えます。

書き換えた後のプログラムは次のようになります。

```
(General)                                                          ▼
  Sub Macro1()
  '
  ' Macro1 Macro
  '
  '
      Range("A5").Select
      a = ActiveCell.Value
      Range("B5").Select
      b = ActiveCell.Value
      Range("C5").Select
      ActiveCell.FormulaR1C1 = a + b
      Range("C6").Select
  End Sub
```

4) それでは、実行してみましょう。

❶ エクセルの画面に戻って、[開発] タブの [コード] で [マクロ] をク
リック → 「マクロ」画面が出るのでそのまま [実行] をクリックします。

　実行した結果、C5 のセルに 579 と表示されれば OK です。これは、単
純に 123 と 456 を足し算した結果の数値ですね。

	A	B	C	D	E	
1						足し算した結果
2						
3						
4						
5	123	456	579			
6						
7						

　これで、今回の目標、「セル A5 とセル B5 のデータを取得して、足した結果をセル C5 に表示する」というマクロが完成しました。（たったこれだけですけど……）

　では、ここでまた問題です！　今作ったマクロのプログラムを、以下の例題のように修正してみてください。

　【例題】セル A5 とセル B5 のデータを取得して、掛けた結果をセル C5 に表示する。

　ヒント：プログラムの記号で、足し算は ＋ 、掛け算は ＊（アスタリスク）で表します。

できましたか？　答えは、プログラム中の a ＋ b の部分を a ＊ b に（ ＋ を ＊ に）変えるだけです。確認してみましょう。

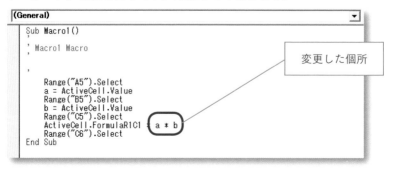

```
(General)
    Sub Macro1()
    '
    '  Macro1 Macro
    '
    '
        Range("A5").Select
        a = ActiveCell.Value
        Range("B5").Select
        b = ActiveCell.Value
        Range("C5").Select
        ActiveCell.FormulaR1C1 = a * b
        Range("C6").Select
    End Sub
```

変更した個所

❶ エクセルの画面に戻って、［開発］タブの［コード］で［マクロ］をクリック →「マクロ」画面が出るのでそのまま［実行］をクリック。

　実行した結果、C5のセルに123と456を掛けた数の56088が表示されればOKです。（もし、疑わしいと思われる方は、電卓をたたいてみてください。笑）

　ちなみに、プログラムのこの他の計算記号で、引き算は -、割り算は /（スラッシュ）でそれぞれ表します。

　今回手がけた方法をちょっと応用することで、複数のセルからデータを取得し、それらのデータを処理した結果（足したり・引いたり・掛けたり・割ったり）を、好きなセル位置に自動で表示するマクロが、もう簡単に作れることと思います。

> **！　今回のポイント**

「マクロの記録」でも、1行書き換えるだけで計算結果の自動表示ができる。

　今回はこれで終了です。作ったマクロはこの本では以後使用しませんが、前回同様、（gogo06.xlsm というファイル名で）保存しておく習慣をつけておくことをオススメします。

別々のシートにあるデータを使って計算する

シートを開く操作

前回のレッスンは、「同じシート」のデータを取り込んで、計算結果を自動表示するという内容でした。今回は、「別々のシート」のデータを対象とした計算結果を自動表示するマクロを作る方法について解説します。

今回のマクロ作成の命題は、次の通りです。

> ［Sheet2］のセル A10 の数値データから、［sheet3］のセル B15 の数値データを引いた結果を、［Sheet1］のセル C20 に表示したい。

1）この命題に沿って、いつものように「マクロの記録」を使って簡単なマクロを作ってみます。

❶ まずはエクセルを起動します。空のエクセルを立ち上げてください。

※シートが1つのみある場合は、あらかじめ、もう2つ新規に作成（[Sheet2] と [Sheet3]）してから次へ進んでください。

シートはあらかじめこの3つを用意しておくこと

❷ まず、［Sheet1］を開いた状態で「マクロの記録」を開始します。

［開発］タブの［コード］で［マクロの記録］をクリック → 「マクロの記録」画面が出るので、そのまま［OK］をクリック。

❸ 次に、シートの［Sheet2］を開き、その A10 のセルに 111 と入力します。

❹ 同様に、シートの［Sheet3］を開き、その B15 のセルに 222 と入力します。

❺ 最後に、シートの［Sheet1］を開き、C20のセルに 333 と入力します。

❻ 打ち終わったら一度［Enter］キーを押してから、［開発］タブの［コード］で［■記録終了］をクリックして、マクロの記録を終了します。

　これで、上記命題のマクロプログラムを作るための準備段階のプログラ

ムが記録できました。

　もうお分かりかと思いますが、ここで打った 111 とか 222 とか 333 という数字は、この後でプログラムを修正する際の目じるしにするという意味があります。

2) 今回も実行してみる前に、マクロプログラムの中身をのぞいてみることにします。

❶ [開発] タブの [コード] で [Visual Basic] をクリック。すると、マクロプログラムの画面が表示されます。

❷ この画面の左上半分の [＋標準モジュール] という個所の＋の部分をクリックすると、そのすぐ下に [Module1] と表示されるので、その [Module1] をダブルクリックします。

```
(General)

  Sub Macro1()
  '
  ' Macro1 Macro
  '
  '
      Sheets("Sheet2").Select
      Range("A10").Select
      ActiveCell.FormulaR1C1 = "111"
      Sheets("Sheet3").Select
      Range("B15").Select
      ActiveCell.FormulaR1C1 = "222"
      Sheets("Sheet1").Select
      Range("C20").Select
      ActiveCell.FormulaR1C1 = "333"
      Range("C21").Select
  End Sub
```

　これが、今作成した準備段階のマクロのプログラムです。

　前回も同じようなマクロを記録したことは記憶に新しいと思いますが、今回のポイントは、シートの移動も一緒に「マクロの記録」で記録した、というところにあります。

ここで注意してほしいのは、マクロを記録する際に、最初に入力するシートが［Sheet2］だからといって、［Sheet2］を開いた状態で「マクロの記録」を開始してはいけないということです。別のシートをあえて開いておくことで、マクロを実行する際に、どのシートを開いた状態にでも確実にターゲットとするシートのセルからデータを取得できるようにしています。

3）それでは次に、このプログラムにちょっと手を加えてみたいと思います。

❶ まず、
　　ActiveCell.FormulaR1C1 = "111"
　と書いてある行を
　　a = ActiveCell.Value
　と書き換えてください。
　いつものように、大文字と小文字の区別は気にする必要はありませんが、必ず全部半角文字で入力してください。以下も同様です。

❷ 同様に、
　　ActiveCell.FormulaR1C1 = "222"
　と書いてある行を
　　b = ActiveCell.Value
　と書き換えます。

❸ 最後に、
　　ActiveCell.FormulaR1C1 = "333"
　と書いてある行を
　　ActiveCell.FormulaR1C1 = a - b
　と書き換えます。
　書き換えた後のプログラムは次のようになります。

```
(General)

    Sub Macro1()
    '
    ' Macro1 Macro
    '
    '
        Sheets("Sheet2").Select
        Range("A10").Select
        a = ActiveCell.Value
        Sheets("Sheet3").Select
        Range("B15").Select
        b = ActiveCell.Value
        Sheets("Sheet1").Select
        Range("C20").Select
        ActiveCell.FormulaR1C1 = a - b
        Range("C21").Select
    End Sub
```

4) それでは、実行してみましょう。

❶ エクセルの画面に戻って、実行する前に開いておくシートは何でも構いませんので、［開発］タブの［コード］で［マクロ］をクリック →「マクロ」画面が出るのでそのまま［実行］をクリック。

　実行した結果、［Sheet1］のセル C20 に 111 から 222 を引いた値である -111 と表示されれば OK です。

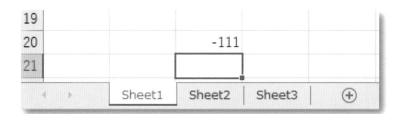

　これで、一応今回の命題だった「［Sheet2］のセル A10 の数値データから、［sheet3］のセル B15 の数値データを引いた結果を、［Sheet1］のセル C20 に表示する」を実現する自動マクロが完成したことになります。

このマクロプログラムを、プログラムの基本動作である「入力・処理・出力」で整理してみると、次のようになります。

「入力」とは・・・［Sheet2］のA10と［sheet3］のB15からデータを
　　　　　　　取得すること

「処理」とは・・・その2つのデータで引き算をすること

「出力」とは・・・答えを［Sheet1］のC20に表示すること

　この「入力・処理・出力」についての考え方は、プログラミングにおいては最も重要な事項の一つです。それは、このことが例えば、ビジネス用語の5W（2H）といったものとよく似ているからです。仕事を進める場合でも、マクロプログラムを作る場合でも、まずはこの、「いつ・どこで・だれが・なにを・どうする（なぜ、いくら）」といったようなことを明確にしておくことが大切です。

　それが、プログラムの場合には、「入力・処理・出力」になります。マクロを作る際には、自分がマクロのプログラムにさせたいこと、「入力」は何か？「処理」は何か？「出力」は何か？ ということを、最初に明確にしておくということが最も大切です。

！ 今回のポイント

シートの移動も「マクロの記録」をしておけば、別シート間の計算でも難なくできる。

　今回はこれで終了です。作ったマクロはこの本では以後使用しませんが、前回同様、（gogo07.xlsmというファイル名で）保存しておく習慣をつけておくことをオススメします。

テーマ

入出金表に
「前年対比」を表示する

　　まずは、第1章のレッスン4にて作成した入出金表のエクセルファイル gogo04.xlsm を用意してください。gogo04.xlsm を無くしてしまった場合でも、レッスン2〜4をもう一度やれば簡単に作れます。

※本書のウェブページからもダウンロードできます。
　https://shop.nikkeibp.co.jp/front/commodity/0000/P95950/

　　今回のマクロ作成の命題は、次の通りです。

> 前年のシートの合計金額と今年のシートの合計金額を取得して、その下に前年対比のパーセンテージを表示したい。

1) まずは、gogo04の続きに新たに入出金集計表のシートを作っていきます。

❶ gogo04 を開きます。以下のようにセキュリティ警告が表示された場合には、その右横の［コンテンツの有効化］ボタンを押してください。

> ［コンテンツの有効化］をクリック

🛡 **セキュリティの警告**　マクロが無効にされました。　　コンテンツの有効化

❷ gogo04 には、すでにレッスン4で作ったシート［Sheet1］〜［Sheet7］があると思いますので、確認してください。

※もし、[Sheet1]〜[Sheet7] 以外のシートも作ってしまわれたという方は、[Sheet1]〜[Sheet7] 以外の余計なシートはすべて手で削除し、開いているエクセルを一旦閉じて終了し、再び開いてから次へ進んでください。こうしないと、新たにできたシートの番号がずれてしまい、以後の説明が分かりにくくなってしまいますのでご注意ください。

❸ 開いておくシートは何でも構いませんので、[開発] タブの [コード] で [マクロ] をクリック → 「マクロ」画面が出るのでそのまま（Macro1 が選ばれた状態で）[実行] をクリックしてください。

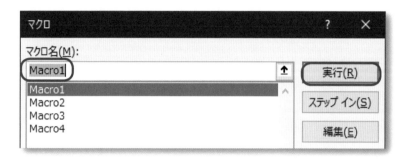

　これで新しいシート [Sheet8] に、自動的に以前に作った入出金集計表が作成されたことと思います。

	A	B	C	D
1	月度	入金額	出金額	
2	1			
3	2			
4	3			
5	4			
6	5			
7	6			
8	7			
9	8			
10	9			
11	10			
12	11			
13	12			
14	合計	¥0	¥0	
15				
16				

これが、第1章のレッスン2〜4の内容で作成したマクロプログラムで自動作成ができるようにした入出金表です。思い出していただけましたか？

2）それでは次に、冒頭に示した今回の命題に沿って、いつものように「マクロの記録」を使って簡単な「準備段階のマクロ」を作ってみます。

❶ 先ほど作った［Sheet8］を開いた状態で、［開発］タブの［コード］で［マクロの記録］をクリック → 「マクロの記録」画面が出るので、そのまま［OK］をクリック。

❷ 次に、シート［Sheet7］を開き、B14のセルに111と入力します。この際、B14のセルにはすでに数式が入っていると思いますが、気にせずに111と上書きして構いません。

❸ 続けて、同様にC14のセルに222と入力します。

❹ 次に、シート［Sheet8］を開き、B14のセルに333と入力します。

❺ 続けて、同様にC14のセルに444と入力します。

❻ 次に、同じ［Sheet8］のB15のセルに555と入力します。

❼ 続けて、同様にC15のセルに666と入力します。

❽ 入力し終わったら一度［Enter］キーを押してから、［開発］タブの［コード］で［■記録終了］をクリックして、マクロの記録を終了します。

▲	A	B	C	D
1	月度	入金額	出金額	
2	1			
3	2			
4	3			
5	4			
6	5			
7	6			
8	7			
9	8			
10	9			
11	10			
12	11			
13	12			
14	合計	¥333	¥444	
15		555	666	
16				

とりあえず、これで準備段階のマクロが記録できました。

3) 今回もまず実行してみる前に、マクロプログラムの中身をのぞいてみることにします。

❶［開発］タブの［コード］で［Visual Basic］をクリック。すると、マクロプログラムの画面が表示されます。

❷ この画面の左上半分の［-標準モジュール］という個所のすぐ下に［Module1］と［Module2］と［Module3］と［Module4］の計4つが表示されていると思います。その中の一番下にある［Module4］をダブルクリックしてみてください。

```
(General)                                                          ▼

  Sub Macro5()
  '
  ' Macro5 Macro
  '
  '
      Sheets("Sheet7").Select
      Range("B14").Select
      ActiveCell.FormulaR1C1 = "111"
      Range("C14").Select
      ActiveCell.FormulaR1C1 = "222"
      Sheets("Sheet8").Select
      Range("B14").Select
      ActiveCell.FormulaR1C1 = "333"
      Range("C14").Select
      ActiveCell.FormulaR1C1 = "444"
      Range("B15").Select
      ActiveCell.FormulaR1C1 = "555"
      Range("C15").Select
      ActiveCell.FormulaR1C1 = "666"
      Range("C16").Select
  End Sub
```

　これが今作った準備段階のマクロのプログラムです。

※なお、上記のプログラムは多少の違いがあっても特に気にする必要はありません。

　前回の復習になりますが、ここでのポイントはシートの移動も一緒に
「マクロの記録」で記録した、というところにあります。マクロを記録す
る際に、最初に入力するシートが［Sheet7］だからといって、［Sheet7］
を開いた状態で「マクロの記録」を開始してしまわないことです。

　あえて別のシートを開いた状態からマクロの記録を開始することで、マ
クロを実行する際に、どのシートを開いた状態からでも確実にターゲット
とするシートのセルからデータを取得できるようにしています。

4）次に、このプログラムにちょっと手を加えてみたいと思います。

❶ まず、
　　ActiveCell.FormulaR1C1 = "111"
　　と書いてある行を

```
a1 = ActiveCell.Value
```
と書き換えてください。

❷ 同様に、
```
ActiveCell.FormulaR1C1 = "222"
```
と書いてある行を
```
b1 = ActiveCell.Value
```
と書き換えます。

❸ 同様に、
```
ActiveCell.FormulaR1C1 = "333"
```
と書いてある行を
```
a2 = ActiveCell.Value
```
と書き換えます。

❹ さらに、
```
ActiveCell.FormulaR1C1 = "444"
```
と書いてある行を
```
b2 = ActiveCell.Value
```
と書き換えます。

❺ 次に、
```
ActiveCell.FormulaR1C1 = "555"
```
と書いてある行を
```
ActiveCell.FormulaR1C1 = a2 / a1
```
と書き換えます。

❻ 最後もう一つ、
```
ActiveCell.FormulaR1C1 = "666"
```
と書いてある行を

```
    ActiveCell.FormulaR1C1 = b2 / b1
```
と書き換えます。

a2 / a1 や b2 / b1 の / は、割り算を意味する記号でしたね。

　ちょっと長くはなりますが、やっていることは前回までに何度もやった
ことと変わりませんので、こうしたちょっとした書き換えはもう手慣れた
ものだろうと思います。

　書き換えた後のプログラムは次のようになります。

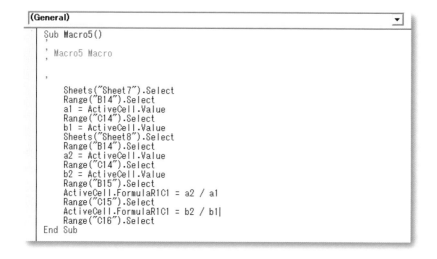

5) それでは、実行してみましょう。

❶ エクセルの画面に戻って、実行する前に開いておくシートは何でも構
いませんので、[開発] タブの [コード] で [マクロ] をクリック → 「マ
クロ」画面が出るので、今度はマクロ名にいま書き変えた [Macro5]（一
番下）を選択してから [実行] をクリックします。

　結果はどうなりましたか？［Sheet8］の入金額の合計の下（セル B15）
に 333 から 111 を割り算した値である 3 が、出金額の合計の下（セル
C15）に 444 から 222 を割り算した値である 2 が表示されれば OK とい
うことになります。

▲	A	B	C	D
1	月度	入金額	出金額	
2	1			
3	2			
4	3			
5	4			
6	5			
7	6			
8	7			
9	8			
10	9			
11	10			
12	11			
13	12			
14	合計	¥333	¥444	
15		3	2	
16				

割り算した各結果の値がここに自動表示される

　今回はここまでで終了です。入出金表に「前年対比」を自動表示するマ
クロ作りはまだ途中ですが、また次回、この続きを行っていきます。

今回作った入出金の表＆マクロは、次回もこの続きでまた使いますので、必ず「Excel マクロ有効ブック（*.xlsm）」で（ファイル名：gogo08.xlsm）にて大切に保存して置くようにしてください。

※もし、続けてこの先のレッスンをやるという場合でも、（次回説明の都合上）必ず上記のファイル保存を行って、一旦エクセルを終了してから次へ進むようにしてください。

テーマ
入出金表に「前年対比」を表示する

　入出金表マクロの続きです。まずは、前回作成したマクロ入りエクセルのファイル gogo08.xlsm をご用意ください。

　前回に引き続き、今回作成するマクロの命題は、以下になります。

前年のシートの合計金額と今年のシートの合計金額を取得して、その下に前年対比のパーセンテージを表示したい。

1）まずは、前回やったところまでの確認です。

❶ gogo08 を開きます。セキュリティ警告が表示された場合には、その右横の［コンテンツの有効化］ボタンを押してください。

> ［コンテンツの有効化］をクリック

（！）セキュリティの啓告　マクロが無効にされました。　［コンテンツの有効化］

❷［Sheet8］の合計金額の下（B15 と C15 のセル）に、前回の最後にマクロ実行した結果である 3 と 2 の数字が表示されていることを確認してください。

▲	A	B	C	D
1	月度	入金額	出金額	
2	1			
3	2			
4	3			
5	4			
6	5			
7	6			
8	7			
9	8			
10	9			
11	10			
12	11			
13	12			
14	合計	¥333	¥444	
15		3	2	
16				

◀ ▶ … | Sheet7 | **Sheet8** ⊕

　この数字が意味するところは、[Sheet8] の合計金額を [Sheet7] の合計金額で割り算した結果ということでしたね。

2）それではさっそく前回の続きに入ります。今、前年と今年の入出金表として使っているシートには [Sheet7] と [Sheet8] というシート名が付いていますが、これではいささか都合が悪いので、シート名を変更しておくことにします。

❶ シート [Sheet8] のシート名を [2019] に、シート [Sheet7] の方を [2018] にそれぞれ変更してください。 シート名の変更方法は、下のシートタブを右クリック→「名前の変更 (R)」や、シートタブをダブルクリックして直接変更するなど、使い慣れた方法で行ってください。

※なお、ここで付けたシート名である [2019]、[2018] は、必ず半角数字で打ってください。また、気を利かせて年みたいなものを付けて、[2019 年] などとはしないでください。

13	12		
14	合計	¥111	¥222
15			
16			

◀ ▶ … Sheet6 2018 2019

3) 次に、シート名を変更したことに伴ってマクロプログラムの中身もちょっと変更します。

❶ 一度 [Enter] キーを押して（入力モードを解除して）から、[開発] タブの [コード] で [Visual Basic] をクリックして、マクロプログラムの画面を表示します。

❷ この状態でもし Sub Macro5 ( ) というマクロプログラムが表示されていない場合には、左上半分の [−標準モジュール] という個所のすぐ下に [Module1] と [Module2] と [Module3] と [Module4] の4つが表示されていると思いますので、その中の一番下にある [Module4] をダブルクリックしてください。

　前回に作った、見覚えのあるマクロプログラムが表示されたと思います。

4) 次に、このプログラムにちょっと手を加えてみましょう。

❶ まず、上から7行目、
　Sheets ("Sheet7") .Select
と書いてある行を
　Sheets (前年) .Select
と書き換えます。

❷ 同様に、上から 14 行目、

　　Sheets（"Sheet8"）.Select

と書いてある行を

　　Sheets（今年）.Select

と書き換えます。

❸ そして、1. で書き換えた 7 行目、

　　Sheets（前年）.Select

のすぐ上に、次の 2 行を新たに追加してください。

　　今年 = CStr（ActiveSheet.Name）
　　前年 = CStr（ActiveSheet.Name - 1）

書き直した後のプログラムは次のようになります。

```
(General)                                                        ▼

Sub Macro5()

' Macro5 Macro

'
    今年 = CStr(ActiveSheet.Name)
    前年 = CStr(ActiveSheet.Name - 1)
    Sheets(前年).Select
    Range("B14").Select
    a1 = ActiveCell.Value
    Range("C14").Select
    b1 = ActiveCell.Value
    Sheets(今年).Select
    Range("B14").Select
    a2 = ActiveCell.Value
    Range("C14").Select
    b2 = ActiveCell.Value
    Range("B15").Select
    ActiveCell.FormulaR1C1 = a2 / a1
    Range("C15").Select
    ActiveCell.FormulaR1C1 = b2 / b1
    Range("C16").Select
End Sub
```

　ここで追加した 2 行の意味を一言で表すと、次のようになります。

　今年 = CStr（ActiveSheet.Name）→ 今開いているシート（マクロ実行時に開いているシート）の名前［2019］を取得して、「今年」とい

う箱の中に入れて置く。

前年 = CStr (ActiveSheet.Name - 1)→ 今開いているシートの
名前の［2019］から 1 を引いて「前年」という箱に入れて置く。

　今使っているエクセルのマクロ言語（VBA）の場合には、「今年」や
「前年」というようにデータを入れる変数名（箱の名前）に日本語も使え
るので、分かりやすい名前を付けることができます。

5）それでは、確認のために実行してみましょう。

❶ エクセルの画面に戻って、シート［2019］を開いてください。

❷ 実行する前に、B15 と C15 のセルに表示されている数字を一旦削除
（Delete キーで）しておいてください。

❸ そして、下記の操作で先ほどのマクロを実行します。［開発］タブの
［コード］で［マクロ］をクリック → 「マクロ」画面が出るので、マクロ
名に今書き換えた［Macro5］（一番下）を選択してから、［実行］をクリ
ックします。

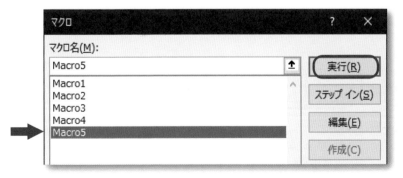

　そうすると、B15 と C15 のセルに一旦削除した数字 3 と 2 が再び表示
された状態になれば OK です。

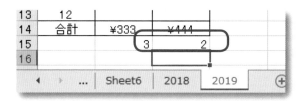

6）続けてもう一度、確認のために実行してみましょう。

❶ 開いておくシートは何でも構いませんので、［開発］タブの［コード］で［マクロ］をクリック → 「マクロ」画面が出るのでそのまま（Macro1 が選ばれた状態で）［実行］をクリック。

❷ 新たに［Sheet7］という入出金表のシートが作成されたと思います。この新たに作成された［Sheet7］のシート名を今度は［2020］に変更します。これは、必ず半角数字で入力してください。

❸ 次に、このシートの入出金額の合計欄のセル B14 と C14 に半角数字でそれぞれ、111 と 222 と入力します。

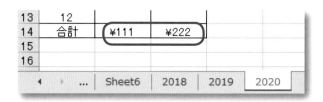

❹ ［2020］のシートを開いた状態で（すなわち、今年が2020年だと仮に指定して）、［開発］タブの［コード］で［マクロ］をクリック ➡「マクロ」画面が出るので、マクロ名の一番下にある「Macro5」を選択してから、［実行］をクリック。

　そうすると、［2020］の入金額の合計の下（セルB15）に、入金合計 ¥111 を、前年のシート［2019］の入金合計 ¥333 で割り算した値である 0.333… と、出金額の合計の下（セルC15）に、出金合計 ¥222 を、前年のシート［2019］の出金合計 ¥444 で割り算した値である 0.5 が表示されればOKです。

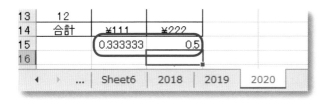

　先ほど説明したように、今実行したマクロは、「実行時に開いているシート」とそれに「-1」したシートを対象にして計算するように作りましたので、年が変わってもこのままで「毎年使っていけるだろう」ということが、なんとなくはお分かりいただけたのではないかと思います。

　今回はこれで終了です。
　次回はいよいよ「前年対比自動表示マクロ」が完成しますので、お楽しみに！
　今回作った入出金の表＆マクロは、次回もこの続きでまた使いますので、必ず「Excelマクロ有効ブック（*.xlsm）」で（ファイル名：gogo09.xlsm）にて大切に保存して置くようにしてください。

※もし、続けてこの先のレッスンをやるという場合でも、（次回説明の都合上）必ず上記のファイル保存を行って、一旦エクセルを終了してから次へ進むようにしてください。

テーマ

入出金表に「前年対比」を表示する

　今回はいよいよ入出金表に「前年対比」を自動表示するマクロの完成編です。

　まずは、前回に作成した入出金表のエクセルファイル gogo09.xlsm をご用意ください。

1）まずは、前回やったところまでの確認です。

❶ gogo09 を開きます。セキュリティ警告が表示された場合には、その右横の［コンテンツの有効化］ボタンを押してください。

❷ シート［2020］の合計金額の下（B15 と C15 のセル）に、前回の最後にマクロ実行した結果である 0.333… と 0.5 が表示されていることを確認してください。

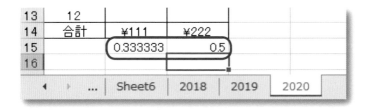

　この数字が意味するところは、［2020］年の合計金額を［2019］年の合計金額で割り算した結果ということでした。

2) それでは、この表の仕上げに入ります。ただ、このままではこの数字が何を意味するのか分かりませんから、その体裁を整えるマクロを作っていきましょう。

❶ 開いておくシートは何でも構いませんが、今開いている［2020］を使うのが分かりやすいと思います。そこで、［2020］を開いた状態で、［開発］タブの［コード］で［マクロの記録］をクリック →「マクロの記録」画面が出るので、そのまま［OK］をクリックします。

❷ 次に、B15とC15の2つのセルを選択した状態にしてから、［ホーム］タブの［セル］で［書式設定］をクリック →「セルの書式設定」画面の［表示形式］タブの［分類（C）］から「パーセンテージ」を選択し、［小数点以下の桁数］の設定値を1に設定して、下の［OK］ボタンをクリックします。

※上記の操作は、右クリックメニューからやシュートカットキーなど、普段慣れた方法でやって構いません。

❸ 次に、A15のセルに日本語で「前年対比」と入力します。

❹ 最後に、A15からC15のセルまでの範囲を選択した状態にしてから、再び［ホーム］タブの［セル］で［書式設定］をクリック →「セルの書

式設定」画面を開き、［罫線］タブで、適当に（前年対比欄にふさわしい）罫線を設定してください。終わったら、下の［OK］ボタンをクリックします。

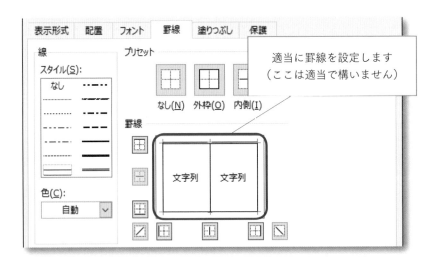

❺ ［開発］タブの［コード］で［■記録終了］をクリックして、マクロの記録を終了します。

これで、表の体裁を整えるためのマクロができました。

3) マクロプログラムの中身をのぞいてみましょう。

❶ ［開発］タブの［コード］で［Visual Basic］をクリック。すると、マクロプログラムの画面が表示されます。

❷ この画面左上半分の［－標準モジュール］という個所のすぐ下に［Module1］と［Module2］と［Module3］と［Module4］と［Module5］の5つが表示されていると思いますので、その中のいちばん下にある

［Module5］をダブルクリックします。

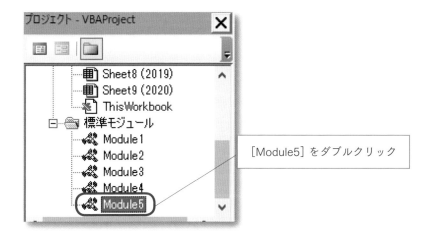

［Module5］をダブルクリック

　右側に以下のようなプログラムが表示されたはずです。今回はいっぺんにいろいろと記録させましたので、見た目が少々長いプログラムになってはいます。ただし、いつものように「このプログラムの意味を知る必要は全くありません！」のでご安心ください。

※気にするべきはただ1カ所だけ、1行目を見てこのマクロが Sub Macro6 だということだけ確認してください。重要なのはそこだけです。

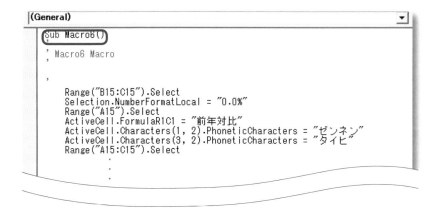

4）続いて今度は、以前作ったプログラムにちょっと手を加えてみたいと思います。

❶ 画面の左上半分の今度は［Module1］の方をダブルクリックして、以前作ったちょっと長めのプログラム Macro1 を表示します。

❷ そのプログラムをスクロールして最後の行を見てください。最後の3行は次のように書かれていると思います。

```
        End With
        Call Macro2
        Call Macro3
End Sub
```

　この下から2番目と3番目の行は、以前皆さんに追加してもらった「Call 文」というものでしたよね。（覚えていますか？）

❸ それではここで下記のように、最後から2番目の行 Call Macro3 と最後の行 End Sub との間に、Call Macro6 という1行を追加します。

```
        Call Macro2
        Call Macro3
        Call Macro6
End Sub
```

　この Call Macro6 という意味は、以前にも何度かお話したのと全く同様で「Macro6 という名前のマクロプログラムの処理を Macro1 から呼び出して実行する」ということになります。

　この場合の Macro6 の処理とは、先ほど 2）で作成した「前年対比欄の体裁を整えるためのマクロ」のことです。

　特に、「マクロの記録」というエクセルの機能を有効に使うためには、この「マクロとマクロをくっ付ける（または、マクロからマクロを呼び出

す）」方法をマスターしておくことが重要ですから、ぜひ覚えておいてください。

※もう忘れてしまったという方は、本書のレッスン2〜4に詳しく載っていますのでご確認ください。

　以上を持ちまして、3回にわたって作成してきました「前年対比を自動表示することができる入出金シート」のマクロが、無事完成（！？）しました。

　このマクロの操作手順を下記に記します。皆さん自分で作ったマクロをいろいろと試してみてください！

5）操作手順は以下の通りです。

　まずは、エクセルの画面に戻ります。マクロ作成のためにこれまでに作ってきたシートはもう必要ありませんので、削除してしまってください（シートの［2018］、［2019］、［2020］を手で削除する）。

❶ 次のようにして、「Macro1」を実行します（開いておくシートは何でも構いません）。
［開発］タブの［コード］で［マクロ］をクリック → 「マクロ」画面が出るのでそのまま（Macro1が選ばれた状態で）［実行］をクリック。

❷ すると、新しい入出金表のシートができたと思いますので、そのシートのシート名を［2018］に変更します。

❸ そして、このシート［2018］の表の中に、月ごとの入金額と出金額を（適当に）入力していきます。

B2～C13 のセルに、適当に数字を入れてください

	A	B	C
1	月度	入金額	出金額
2	1	¥1,100	¥1,000
3	2	¥1,200	¥1,100
4	3	¥1,300	¥1,200
5	4	¥1,400	¥1,300
6	5	¥1,500	¥1,400
7	6	¥1,600	¥1,500
8	7	¥1,700	¥1,600
9	8	¥1,800	¥1,700
10	9	¥1,900	¥1,800
11	10	¥2,000	¥1,900
12	11	¥2,100	¥2,000
13	12	¥2,200	¥2,100
14	合計	¥19,800	¥18,600
15	前年対比		
16			

◀ ▶ … | Sheet6 | 2018

❹ 次にもう一度、❶ と同じ操作で「Macro1」を実行します。

❺ 新しい入出金表のシートができたと思いますので、そのシートのシート名を今度は［2019］に変更します。

❻ そして先ほどと同様に、このシート［2019］にも月ごとの入金額と出金額を（適当に）入力していきます。

❼ 入力が終わったら、以下の操作で今度は「Macro5」を実行します。
　今のシート［2019］を開いた状態で、［開発］タブの［コード］で［マクロ］をクリック →「マクロ」画面が出るので、マクロ名に下から2番目の［Macro5］を選択してから［実行］をクリックします。

[2019] のシートに正しく前年対比のパーセンテージが表示されたでしょうか？

13	12	¥3,200	¥2,000
14	合計	¥31,800	¥17,400
15	前年対比	160.6%	93.5%
16			
17			

◀ ▶ ... | Sheet6 | 2018 | 2019

上記の操作手順の ❹ 〜 ❼を繰り返すことで、次年以降もこのまま使い続けることができるものに一応なりましたね。

今回はこれで終了です。作ったマクロはこの本では以後使用しませんが、前回同様、(gogo10.xlsm というファイル名で) 保存しておく習慣をつけておくことをオススメします。

記録したマクロを一目瞭然にする方法

　例えば、次のようなエクセルの操作を「マクロの記録」で記録したとします。

A1 ～ C10 までの範囲を選択して、罫線を引き、その範囲の文字の色を赤に指定する。

　この操作を「マクロの記録」を使って記録すると、次ページのようなプログラムができます。

```
Sub Macro1()
'
'  Macro1 Macro

'
    Range("A1:C10").Select
    Selection.Borders(xlDiagonalDown).LineStyle = xlNone
    Selection.Borders(xlDiagonalUp).LineStyle = xlNone
    With Selection.Borders(xlEdgeLeft)
        .LineStyle = xlContinuous
        .ColorIndex = 0
        .TintAndShade = 0
        .Weight = xlThin
    End With
    With Selection.Borders(xlEdgeTop)
        .LineStyle = xlContinuous
        .ColorIndex = 0
        .TintAndShade = 0
        .Weight = xlThin
    End With
    With Selection.Borders(xlEdgeBottom)
        .LineStyle = xlContinuous
        .ColorIndex = 0
        .TintAndShade = 0
        .Weight = xlThin
    End With
    With Selection.Borders(xlEdgeRight)
        .LineStyle = xlContinuous
        .ColorIndex = 0
        .TintAndShade = 0
        .Weight = xlThin
    End With
    With Selection.Borders(xlInsideVertical)
        .LineStyle = xlContinuous
        .ColorIndex = 0
        .TintAndShade = 0
        .Weight = xlThin
    End With
    With Selection.Borders(xlInsideHorizontal)
        .LineStyle = xlContinuous
        .ColorIndex = 0
        .TintAndShade = 0
        .Weight = xlThin
    End With
    With Selection.Font
        .Color = -16776961
        .TintAndShade = 0
    End With
End Sub
```

これではちょっと、どこの行で何が行われているのだか、よく分かりませんね。そこで、これをもう一度、次のような手順によって「マクロの記録」をやり直してみます。

　まず、一つひとつのエクセル操作を個条書きにして分けてみます。

❶ A1 から C10 までの範囲を選択する
❷ 罫線を引く
❸ 文字の色を赤に指定する

　そうしたら、下記の手順でこの ❶ ❷ ❸ の操作をそれぞれ 1 回ずつ、「マクロの記録」を繰り返しながら操作を行います。

「マクロの記録」を開始 → ❶ の操作をする →「マクロの記録」を終了
「マクロの記録」を開始 → ❷ の操作をする →「マクロの記録」を終了
「マクロの記録」を開始 → ❸ の操作をする →「マクロの記録」を終了

　この方法で記録されたプログラムは次ページのようになります。

```
Sub Macro1()
'
' ① A1からC10までの範囲を選択する
'

    Range("A1:C10").Select
End Sub
Sub Macro2()
'
' ② 罫線を引く
'

    Selection.Borders(xlDiagonalDown).LineStyle = xlNone
    Selection.Borders(xlDiagonalUp).LineStyle = xlNone
    With Selection.Borders(xlEdgeLeft)
        .LineStyle = xlContinuous
        .ColorIndex = 0
        .TintAndShade = 0
        .Weight = xlThin
    End With
    With Selection.Borders(xlEdgeTop)
        .LineStyle = xlContinuous
        .ColorIndex = 0
        .TintAndShade = 0
        .Weight = xlThin
    End With
    With Selection.Borders(xlEdgeBottom)
        .LineStyle = xlContinuous
        .ColorIndex = 0
        .TintAndShade = 0
        .Weight = xlThin
    End With
    With Selection.Borders(xlEdgeRight)
        .LineStyle = xlContinuous
        .ColorIndex = 0
        .TintAndShade = 0
        .Weight = xlThin
    End With
    With Selection.Borders(xlInsideVertical)
        .LineStyle = xlContinuous
        .ColorIndex = 0
        .TintAndShade = 0
        .Weight = xlThin
    End With
    With Selection.Borders(xlInsideHorizontal)
        .LineStyle = xlContinuous
        .ColorIndex = 0
        .TintAndShade = 0
        .Weight = xlThin
    End With
End Sub
Sub Macro3()
'
' ③ 文字の色を赤に指定する
'

    With Selection.Font
        .Color = -16776961
        .TintAndShade = 0
    End With
End Sub
```

これであれば、どうでしょうか？

　先ほどとは違って、このように一つひとつの操作に分けて記録すれば、できたマクロが何をするプログラムだかは一目瞭然！ですね。

　具体手的には、以下のようになるわけです。

Macro1 が、❶ A1 から C10 までの範囲を選択する
Macro2 が、❷罫線を引く
Macro3 が、❸文字の色を赤に指定する

　分かりやすくするために、上記のようにコメントで説明を加えておくのでもよいですし、あるいは各マクロの名称を次のように変えておくのもよいでしょう。

Macro1_ 範囲指定
Macro2_ 罫線
Macro3_ 赤文字

第3章

マクロ作りの基本を マスターする (ループと分岐の処理)

テーマ
ループの回し方を学ぶ

今回は、繰り返し処理（ループ処理）について勉強します。「**ループを制する者はエクセルマクロを制す**」といっても過言ではありません。ここは張り切って勉強していきましょう！

今回は、最初にちょっとだけ、プログラムの勉強をします。

```
For i = 1 To 10
    ある処理          ── ループの基本形！
Next i
```

これは、**ある処理**を 10 回繰り返して行う場合のプログラムの例です。ループ処理の書き方には他にもいろいろありますが、本書ではこれをループの基本形と定めて、説明を進めていきます。

1）まず、例のごとく「マクロの記録」を使って簡単なマクロを作ってみます。

❶ エクセルを起動します。空のエクセルを立ち上げてください。

❷ ［開発］タブの［コード］で［マクロの記録］をクリック → 「マクロの記録」画面が出るので、そのまま［OK］をクリック。

❸ 次に B2 のセルを選択し、とりあえず abc と入力してください。

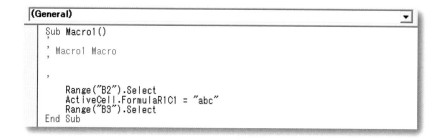

	A	B	C	D
1				
2		abc		
3				

❹ 打ち終わったら一度［Enter］キーを押してから、［開発］タブの［コード］で［■記録終了］をクリックして、マクロの記録を終了します。

2）さっそく、今作ったマクロプログラムの中身をのぞいてみます。

❶［開発］タブの［コード］で［Visual Basic］をクリック。すると、もう見なれたマクロプログラム用の画面が表示されます。

❷この画面の左上半分の［＋標準モジュール］という個所の＋の部分をクリックすると、そのすぐ下に［Module1］と表示されるので、その［Module1］をダブルクリックします。

```
(General)                                                              ▼
    Sub Macro1()

    ' Macro1 Macro


    '
        Range("B2").Select
        ActiveCell.FormulaR1C1 = "abc"
        Range("B3").Select
    End Sub
```

3）では、このプログラムにちょっと手を加えてみましょう。

❶ まず、先ほど説明したループの基本形における**ある処理**というところが ActiveCell.FormulaR1C1 = "abc" の部分にあたりますので、基

本形の前後の2行を追加して

```
For i = 1 To 10
    ActiveCell.FormulaR1C1 = "abc"
Next i
```

と書き換えます。

※上記の For i = 1 To 10 の間（For と i と = と 1 と To と 10 の間）には、必ずブランク（半角の空白文字）を入れます。Next と i の間も同様です。

※プログラマの世界では、ループの中身（ここでいうところの「ある処理」の部分）の行は字下げを行うのが見やすいプログラムを作るための一般的なルールとなっています。そのため、IAB キーを1回押してひとタブ分の字下げを行ってください。

書き換えた後のプログラムは次のようになります。

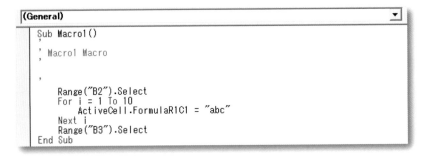

このプログラムは、「B2 のセルに abc を 10 回書く」というものです。

4) それでは、実行してみましょう。

❶ まず、エクセルの画面に戻って、新しいシート［Sheet2］を作成し、まだ何も書いていないその空のシートを開いた状態にしてください。

❷［開発］タブの［コード］で［マクロ］をクリック →「マクロ」画面が出るのでそのまま［実行］をクリック。

この結果、B2のセルに abc と表示されればOKなのですが、実行してみると分かるように、10回書かれたのか？ということは、早過ぎて普通の人の目では分かりませんね。

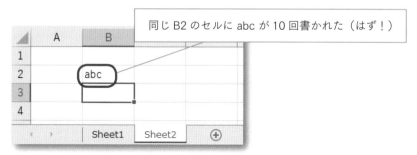

同じ B2 のセルに abc が 10 回書かれた（はず！）

5）そこで、もう少しこのプログラムに手を加えてみましょう。

❶ 先ほどの ActiveCell.FormulaR1C1 = ″abc″ の行のすぐ下に、つぎの1行を追加してみてください。

```
ActiveCell.Offset (1, 0) .Activate
```

※先ほどと同様に、ここもきちんと見やすく字下げを行ってください。

　書き換えた後のプログラムは次のようになります。

```
(General)                                                    ▼
    Sub Macro1()
    '
    ' Macro1 Macro
    '

    '
        Range("B2").Select
        For i = 1 To 10
            ActiveCell.FormulaR1C1 = "abc"
            ActiveCell.Offset(1, 0).Activate
        Next i
        Range("B3").Select
    End Sub
```

6）それでは、実行してみましょう。

❶ エクセルの画面に戻って、開くシートは［Sheet2］のままで、［開発］タブの［コード］で［マクロ］をクリック →「マクロ」画面が出るのでそのまま［実行］をクリックしてください。

　どうでしょうか？　今度は、ちゃんとこのプログラムが10回繰り返されているということが分かる結果になったと思います。

	A	B	C	D
1				
2		abc		
3		abc		
4		abc		
5		abc		
6		abc		
7		abc		
8		abc		
9		abc		
10		abc		
11		abc		
12				

Sheet1　Sheet2　⊕

　ちなみに、今追加した行 ActiveCell.Offset (1,0) .Activate のカッコ内の数字（1, 0）の最初の 1 は書き込むセルを縦方向に移動させる、後の 0 は横方向に移動させるという意味を持っています。そのため、このカッコ内の数字（1, 0）を（0, 1）に変えてみると、今度はB2のセルから横方向に10個の abc を書くプログラムになります。

　さらに、この数字を -1 にすれば上方向（または左方向）に移動させることもできます。ただし、シートからはみ出してしまうとエラーが出てしまいますのでご注意ください。

　では、ここで問題（例題）です！

【例題】このマクロプログラムを、「B2 のセルから縦方向に 100 回 abc を書く」となるように修正してみてください（10 回を 100 回にするだけです）。

　ちょっと簡単すぎる問題かも。もう、お分かりですよね？！
答えは、
　　For i = 1 To 10
の行を
　　For i = 1 To 100
に直すだけです。

7）それでは、実行してみましょう。

❶　まず、エクセルの画面に戻って、新しいシート［Sheet3］を作成し、まだ何も書いていないその空のシートを開いた状態にしてください。

❷　［開発］タブの［コード］で［マクロ］をクリック →「マクロ」画面が出るのでそのまま［実行］をクリック。

　100 個の abc が書かれたことでしょう。それでは、もう一つ問題です！

【例題】このプログラムを、「B2 のセルから縦方向に 1 から 100 までの数字を書く」となるように修正してみてください。

ヒント　　For i = 1 To 100　の i という変数（データを入れておくための箱）には、100 回ループする間に 1 から 100 までの数字が入っていきます。

お分かりになりましたか？

abc と書いていたところを、i という変数に入っているデータに直すという意味で答えは、

```
ActiveCell.FormulaR1C1 = "abc"
```

の行を

```
ActiveCell.FormulaR1C1 = i
```

に直すだけです。

※　この i に（変数に）、"" を付けて "i" としてはいけませんので注意してください。

　この i という変数のことをプログラム用語では「カウンター」と呼びます。ループする間に i = 1, 2, 3, ···,100 とカウントさせていくものなので、単純にそう呼ばれています。

8) それでは、実行してみましょう。

❶ まず、エクセルの画面に戻ります（シートは［Sheet3］のままでよいです）。

❷ 実行します。［開発］タブの［コード］で［マクロ］をクリック → 「マクロ」画面が出るのでそのまま［実行］をクリック。

　実行した結果、1 から 100 までの数字が書かれれば OK です。

　今回はこれで終了です。作ったマクロにぜひわかりやすいファイル名を付けて（ファイルの種類は必ず［Excel マクロ有効ブック］にして）、しっかり保管しておきましょう。

テーマ

文字列を1セルに
1文字ずつに分割する

　今回は、前回学んだループの基本の応用です。さっそく、作成するマクロの命題を見てみましょう。

> 「山田商事株式会社」などの1セルにはいっている文字を、分割したいセルを選択し、1セルに一文字ずつに分割したい。
> 例：「山」「田」「商」……

　今回と次回の2回にわたって、このようなマクロの組み方を説明していきます。

1）まず、例のごとく「マクロの記録」を使って簡単なマクロを作ってみます。

❶ エクセルを起動します。空のエクセルを立ち上げてください。

❷ ［開発］タブの［コード］で［マクロの記録］をクリック → 「マクロの記録」画面が出るので、そのまま［OK］をクリック。

❸ 次にB2のセルを選択し、とりあえず111と入力してください。

❹ 次にその下のB3のセルを選択し、222と入力てください。

❺ 打ち終わったら一度 [Enter] キーを押してから、[開発] タブの [コード] で [■記録終了] をクリックして、マクロの記録を終了します。

2) では、今作ったマクロプログラムの中身をのぞいてみます。

❶ [開発] タブの [コード] で [Visual Basic] をクリック。すると、もう見なれたマクロプログラム用の画面が表示されますね。

❷ この画面の左上半分の [+標準モジュール] という個所の+の部分をクリックすると、そのすぐ下に [Module1] と表示されますので、その [Module1] をダブルクリックします。

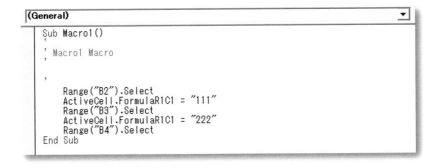

```
(General)

Sub Macro1()
'
' Macro1 Macro
'

'
    Range("B2").Select
    ActiveCell.FormulaR1C1 = "111"
    Range("B3").Select
    ActiveCell.FormulaR1C1 = "222"
    Range("B4").Select
End Sub
```

3) 次に、このプログラムにちょっと手を加えてみましょう。

❶ まず、
```
ActiveCell.FormulaR1C1 = "111"
```
と書いてある行を
```
a = ActiveCell.Value
```
と書き換えてください。

❷ 次に、

```
ActiveCell.FormulaR1C1 = "222"
```
と書いてある行を
```
ActiveCell.FormulaR1C1 = a
```
と書き換えます。

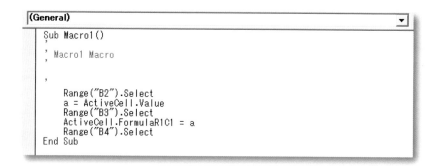

```
(General)

Sub Macro1()
'
' Macro1 Macro
'
'
    Range("B2").Select
    a = ActiveCell.Value
    Range("B3").Select
    ActiveCell.FormulaR1C1 = a
    Range("B4").Select
End Sub
```

　このようなプログラムの書き換えは、これまでに本書ではもう何度もや
ってきたことですので、もう問題はないかと思います。

4) 続けて、このプログラムにもう少し手を加えてみましょう。

❶ 前回、前々回の事前学習で勉強したループ処理の基本形を使って、今
書き換えた行
```
ActiveCell.FormulaR1C1 = a
```
の前後に2行を追加するかたちで
```
For i = 1 To 10
    ActiveCell.FormulaR1C1 = a
Next i
```
と書き改めます。

❷ さらに、これにもう1行
```
ActiveCell.Offset (1, 0) .Activate
```

という行を追加して

```
  For i = 1 To 10
      ActiveCell.FormulaR1C1 = a
      ActiveCell.Offset (1, 0).Activate
  Next i
```

としてください。

今、手を加えたプログラムの内容は、前回と前々回に勉強したように For i = 1 To 10 から Next i までの行は、ループ処理の基本形です。

ActiveCell.Offset (1, 0).Activate という行は、書き込む位置を縦方向に移動するというものでした。

書き換えた後のプログラムの全文は次のようになります。

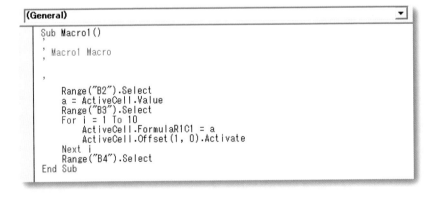

```
(General)

Sub Macro1()
'
' Macro1 Macro
'
'
    Range("B2").Select
    a = ActiveCell.Value
    Range("B3").Select
    For i = 1 To 10
        ActiveCell.FormulaR1C1 = a
        ActiveCell.Offset(1, 0).Activate
    Next i
    Range("B4").Select
End Sub
```

5) それでは、実行してみましょう。

❶ まず、エクセルの画面に戻ります（シートは［Sheet1］のままで）。

❷ 次に、B2のセルに「山田商事株式会社経理部」と入力してみてください。

	A	B	C	D	E
1					
2		山田商事株式会社経理部			
3		222			
4					
5					

❸ ［開発］タブの［コード］で［マクロ］をクリック → 「マクロ」画面が
出るのでそのまま［実行］をクリック。

　実行した結果、「山田商事株式会社経理部」が新たに縦に 10 個（合計で
11 個）並べば OK です。

最初に手打ち入力した 2 行目の下から、10 個並びます

	A	B
1		
2		山田商事株式会社経理部
3		山田商事株式会社経理部
4		山田商事株式会社経理部
5		山田商事株式会社経理部
6		山田商事株式会社経理部
7		山田商事株式会社経理部
8		山田商事株式会社経理部
9		山田商事株式会社経理部
10		山田商事株式会社経理部
11		山田商事株式会社経理部
12		山田商事株式会社経理部
13		

今回はこれで終了です。作成したマクロのプログラムは次回もこの続きでまた使います。そのため、次回まで大切に保管して置いてください。いつも通り、ファイルの種類を［Excel マクロ有効ブック］、ファイル名をgogo12.xlsm として保存しておきましょう。

※続けてこの先のレッスンに取り組む場合でも、次回の説明の都合上、必ず上記のファイル保存を行って、一旦 Excel を終了してから次へ進むようにしてください。

文字列を１セルに
１文字ずつに分割する

　今回も引き続きループの基本を学び、前回の冒頭で提示した命題を完成させます（文字列を１セルに１文字ずつに分割するものでしたね）。まずは、前回保存したエクセルマクロのファイル gogo12.xlsm をご用意ください。

1）まずは、前回作ったマクロプログラムの確認です。

❶ gogo12 を開きます。セキュリティ警告が表示された場合は、その右横の［コンテンツの有効化］ボタンを押してください。

❷［開発］タブの［コード］で［Visual Basic］をクリック。すると、前回作成したマクロプログラムが表示されます。

```
(General)                                                        ▼

 Sub Macro1()
 '
 ' Macro1 Macro
 '
 '
     Range("B2").Select
     a = ActiveCell.Value
     Range("B3").Select
     For i = 1 To 10
         ActiveCell.FormulaR1C1 = a
         ActiveCell.Offset(1, 0).Activate
     Next i
     Range("B4").Select
 End Sub
```

　このプログラムにちょっと手を加えるわけですが、その前に今回は、本書始まって以来の（!?）ちょっと難しい話をしなければなりません。

今回のテーマを解くために、「VBA の標準関数」というものを使います。VBA というのはエクセルのマクロを作るためのプログラミング言語の名前です。本書に出てくるプログラムはすべてこの VBA で書かれています。

標準関数というのは、**何かをたずねると誰にでもその答えを教えてくれる親切な隣のお兄さん**と理解しておいてください。

ここで使う「VBA の標準関数」は、mid（ ）関数 と len（ ）関数 の2つです。

2）では、以上を踏まえてプログラムにちょっと手を加えてみたいと思います。

❶まず、プログラム中ほどの
    ActiveCell.FormulaR1C1 = a
と書いてある行を
    ActiveCell.FormulaR1C1 = Mid (a, i, 1)
に書き換えてください。

```
(General)

Sub Macro1()

' Macro1 Macro

'
    Range("B2").Select
    a = ActiveCell.Value
    Range("B3").Select
    For i = 1 To 10
        ActiveCell.FormulaR1C1 = Mid(a, i, 1)
        ActiveCell.Offset(1, 0).Activate
    Next i
    Range("B4").Select
End Sub
```

※ここで登場した mid（ ）関数 については、後ほど詳しく説明します。

3) それでは、さっそく実行してみましょう。

❶ まず、エクセルの画面に戻ります（シートは［Sheet1］のままで大丈夫です）。

❷［開発］タブの［コード］で［マクロ］をクリック →「マクロ」画面が出るのでそのまま［実行］をクリック。

　実行した結果はいかがでしたでしょうか？ 確かにこれで、1セルに1文字ずつに分割されましたよね。でも、「……経理部」の「部」がないことにお気付きでしょうか？

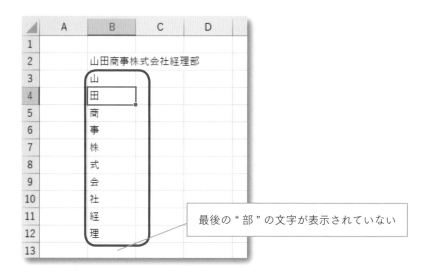

最後の "部" の文字が表示されていない

4) 続けて、このプログラムにもう少し手を加えてみましょう。

❶ プログラムの画面に戻って、先ほど書き換えた行のすぐ上の

　　For i = 1 To 10

と書いてある行を

　　For i = 1 To Len (a)

に書き換えます。

```
(General)
    Sub Macro1()
    '
    ' Macro1 Macro
    '
    '
        Range("B2").Select
        a = ActiveCell.Value
        Range("B3").Select
        For i = 1 To Len(a)
            ActiveCell.FormulaR1C1 = Mid(a, i, 1)
            ActiveCell.Offset(1, 0).Activate
        Next i
        Range("B4").Select
    End Sub
```

※ここで登場した len（　）関数 についてもこのあとで詳しく説明します。

5) それではまた、さっそく実行してみましょう。

❶まず、エクセルの画面に戻ります（シートは［Sheet1］のままで）。

❷［開発］タブの［コード］で［マクロ］をクリック → 「マクロ」画面が
出るのでそのまま［実行］をクリック。

　どうでしょうか？ 今度はちゃんと「…会社経理部」の「部」まで表示
されたことと思います。

	A	B	C	D
1				
2		山田商事株式会社経理部		
3		山		
4		田		
5		商		
6		事		
7		株		
8		式		
9		会		
10		社		
11		経		
12		理		
13		部		
14				

　ここで、新たに登場した2つの関数、len（　）関数 と mid（　）関数 について説明しましょう。

　まず、親切な len（　）という名前のお兄さんは、文字数を教えてくれる人です。

「山田商事」は？ とたずねると、「4」文字です。

「山田商事株式会社経理部」は？ とたずねると、「11」文字です。

と答えを教えてくれます。

あなた　　　　　　　　　　　　　　　　　親切な Len お兄さん

一方、mid（ ）という名前のお兄さんは、ちょっと複雑な人です。
「山田商事」の1番目の文字は？ とたずねると、「山」と答えてくれます。
「山田商事株式会社経理部」の5番目の文字から4文字は？とたずねてみると、「株式会社」と答えてくれたりもします。

　ちょっと説明が分かりづらいかも知れませんので、具体的な使い道で示します。
len（ ）関数 は、「分割する文字数が決まっていない」場合に使う
mid（ ）関数 は、「文字を分割する」場合に使う

　では、話を戻します。前回からのテーマ（マクロの命題）では、もう一つ、やっておかなければならないことがあります。その宿題を片付けましょう。

　今回作成するマクロの命題を今一度、見てみましょう。

> **「山田商事株式会社」などの1セルにはいっている文字を、分割したいセルを選択し、1セルに一文字ずつに分割したい。**
> **例：「山」「田」「商」……**

　宿題は、この中の「分割したいセルを選択し……」という部分です。今のプログラムのままでは、B2のセルの文字しか分割ができません。

6) そこで、このプログラムにもう少し手を加えてみたいと思います。

先ほど書き換えた行

```
For i = 1 To Len (a)
```

のすぐ上の3行

```
Range ("B2") .Select
a = ActiveCell.Value
Range ("B3") .Select
```

を以下のように書き換えてセル位置の指定を変更します。

❶ まず、1行目の

```
Range ("B2") .Select
```

と書いてある行を削除してしまいます。

❷ 次に、3行目の

```
Range ("B3") .Select
```

と書いてある行を

```
ActiveCell.Offset (1, 0) .Activate
```

と書き換えます。

書き換えた後のプログラムは以下になります。

```
(General)                                                          ▼
  Sub Macro1()
  '
  ' Macro1 Macro

  '
      a = ActiveCell.Value
      ActiveCell.Offset(1, 0).Activate
      For i = 1 To Len(a)
          ActiveCell.FormulaR1C1 = Mid(a, i, 1)
          ActiveCell.Offset(1, 0).Activate
      Next i
      Range("B4").Select
  End Sub
```

7）それでは、実行してみましょう。

❶ エクセルの画面に戻って、新しいシート［Sheet2］を作成し、まだ何も書いていないその空のシートを開いた状態にしてください。

❷ 次に、A1 のセルに「山田商事株式会社経理部」と入力してください。

❸ もう一つ、E2 のセルに「エクセルマクロをはじめよう」と入力してください。

	A	B	C	D	E	F	G
1	山田商事株式会社経理部						
2					エクセルマクロをはじめよう		
3							
4							

❹ 打ち終わったら、まずは最初に A1 のセルをクリック（選択）して、［開発］タブの［コード］で［マクロ］をクリック →「マクロ」画面が出るのでそのまま［実行］をクリック。

❺ 次にもう一度、今度は E2 のセルをクリック（選択）して、［開発］タブの［コード］で［マクロ］をクリック →「マクロ」画面が出るのでそのまま［実行］をクリック。

　実行した結果はいかがでしょうか？　結果を次ページに示します。

	A	B	C	D	E	F	G
1	山田商事株式会社経理部						
2	山				エクセルマクロをはじめよう		
3	田				エ		
4	商				ク		
5	事				セ		
6	株				ル		
7	式				マ		
8	会				ク		
9	社				ロ		
10	経				を		
11	理				は		
12	部				じ		
13					め		
14					よ		
15					う		

　これで「分割したいセルを選択し、選択されているセルの文字列を、一セル一文字に分割する」という命題が完成したことになります。

　以前にもお話しましたが、もし分割した文字を横方向に表示したければ、

```
ActiveCell.Offset (1, 0).Activate
```
の行のカッコの中を（0, 1）としてやれば良いだけです。いろいろと分割表示のやり方を試してみてください。

　なお、今回勉強した「VBA の標準関数」である len（ ）関数 と mid（ ）関数 の2つは、文字列操作をするプログラムを作る際にはとてもよく使われるものです。これらを覚えておくと、今後になにかと便利です。

　今回はこれで終了です。せっかく自分で作ったプログラムは、今後の参考のためになるべく大切に保管しておくようにしてください（ファイル名：gogo13.xlsm）。

マクロでの IF 文の書き方を学ぶ

　前回までのテーマでは、繰り返し処理（ループ処理）について勉強してきました。今回は、これまた**マクロプログラムでは欠くことができない分岐処理（IF 文）**というものについて、簡単に予習をしましょう。

　今回も最初にちょっとだけプログラムの勉強をします。

```
If c = "" Then
        Aの処理
Else
        Bの処理
End If
```
―― 分岐処理の基本形！

　これは、変数 c が空なら **Aの処理** をし、そうでなければ **Bの処理** を行うという場合のプログラムの例です。分岐処理とは、何かの条件によって別々の処理を行うというものです。

　本書では、上記を分岐処理（IF 文）の基本形と定めて、説明を進めていきます。

1）まず、例のごとく「マクロの記録」を使って簡単なマクロを作ってみます。

❶ エクセルを起動します。空のエクセルを立ち上げてください。

❷ ［開発］タブの ［コード］で ［マクロの記録］をクリック → 「マクロの

記録」画面が出るので、そのまま［OK］をクリック。

❸ 次に B2 のセルを選択し、とりあえず 111 と入力しください。

❹ 続けて B3 のセルを選択し、222 と入力してください。

❺ 打ち終わったら一度［Enter］キーを押してから、［開発］タブの［コード］で［■記録終了］をクリックして、マクロの記録を終了します。

2）さっそく、今作ったマクロプログラムの中身をのぞいてみます。

❶ ［開発］タブの［コード］で［Visual Basic］をクリック。すると、もう見なれたマクロプログラム用の画面が表示されるでしょう。

❷ この画面の左上半分の［＋標準モジュール］という個所の＋の部分をクリックすると、そのすぐ下に［Module1］と表示されるので、その［Module1］をダブルクリックします。

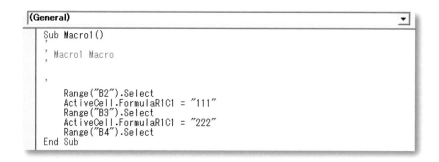

```
(General)

  Sub Macro1()

  ' Macro1 Macro

  '
      Range("B2").Select
      ActiveCell.FormulaR1C1 = "111"
      Range("B3").Select
      ActiveCell.FormulaR1C1 = "222"
      Range("B4").Select
  End Sub
```

3）それでは次に、このプログラムにちょっと手を加えてみます。

❶ まず、B2 のセルのデータを取得して、そのデータを変数 c に入れておくための修正として

```
ActiveCell.FormulaR1C1 = "111"
```

と書いてある行を

```
c = ActiveCell.Value
```

と書き換えます。

❷ 次に、先ほど説明した分岐処理の基本形プログラムの **Aの処理** と **Bの処理** のところが ActiveCell.FormulaR1C1 = "222" の部分にあたりますので、この部分に基本形をそのまま追加して

```
If c = "" Then
    ActiveCell.FormulaR1C1 = "222"
Else
    ActiveCell.FormulaR1C1 = "222"
End If
```

と書き換えます。

【補足】分岐（IF 文）処理では、ループ処理のときと同様にプログラムを見やすくするための字下げを行うのが一般的なルールとなっています。そこで、Tab キーを 1 回押してひとタブ分の字下げを行ってください。

❸ 最後にもう一つ、今の 2 カ所の "222" の部分の上の方を "nasi" に、下の方を "ari" と書き換えます。

書き換えた後のプログラムは次ページのようになります。

```
(General)

  Sub Macro1()

  ' Macro1 Macro

  '
     Range("B2").Select
     c = ActiveCell.Value
     Range("B3").Select
     If c = "" Then
         ActiveCell.FormulaR1C1 = "nasi"
     Else
         ActiveCell.FormulaR1C1 = "ari"
     End If
     Range("B4").Select
  End Sub
```

　このプログラムは、分岐処理の基本形における

「Aの処理」の部分が「ActiveCell.FormulaR1C1 = "nasi"」で、

「Bの処理」の部分が「ActiveCell.FormulaR1C1 = "ari"」という

もので、その分岐条件は「B2のセルが空欄か否か」ということになりま

す。

4) それでは、さっそく実行してみましょう。

❶ まず、エクセルの画面に戻って、新しいシート［Sheet2］を作成し、

まだ何も書いていないその空のシートを開いた状態にしてください。

❷［開発］タブの［コード］で［マクロ］をクリック →「マクロ」画面が

出るのでそのまま［実行］をクリック。

　今はB2のセルが空なので、B3のセルに nasi と表示されれば OK で、

分岐の条件に合っているということになります。

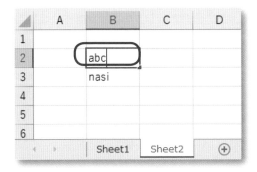

5) それでは、再び実行してみましょう。

❶ 先ほどと同じ［Sheet2］シートの B2 のセルに abc と入力してくださ
い。

❷ 打ち終わったら一度［Enter］キーを押してから、［開発］タブの［コ
ード］で［マクロ］をクリック → 「マクロ」画面が出るのでそのまま［実
行］をクリック。

　どうでしょうか？　今度は B2 のセルが空ではないので、B3 のセルに ari
と表示されれば OK です。

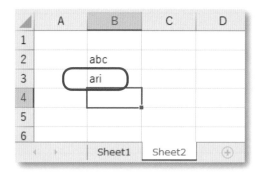

【補足】このように、マクロの分岐処理に用いる IF 文も、ワークシート関数でセルに書き込む IF
文も、理屈は全く同じです。ただし、両者には書き方の違いがあります。後者は横一列の横長に、
前者は改行して区切りよく縦長でシンプルな書き方ができます。マクロでの分岐処理の方が
分かりやすく（段落よく）条件式を書き表すことができるという点で、より複雑な条件式に
なればなるほど断然マクロは有利だと言えます。

！　今回のポイント

マクロのＩＦ文は、縦書きでスッキリ見やすい！より複雑な条件分岐に適
します。

【補足】いろいろなＩＦ文の条件の例

If a > 100 Then	a が 100 より大きい場合（100 は含まれない）
If a <= 100 Then	a が 100 以下の場合（100 も含まれる）
If a <> 100 Then	a が 100 ではない場合（不等号判定）
If a >= 50 And a <= 150 Then	a が 50 以上、かつ 150 以下の場合
If a <= 50 Or a >= 150 Then	a が 50 以下、または 150 以上の場合

　今回はこれで終了です。今回作ったマクロにも分かりやすいファイル名
を付けて（ファイルの種類は必ず［Excel マクロ有効ブック］にして）、大
切に保管してくださいね。

テーマ

マクロを素早く実行する

　ここでは、使いなれたテキストボックスで作成したマクロを、ワンクリックで実行させるためのボタン（下図のような）の作り方の簡単な手順を示します。マクロがワンクリックで実行できるようになればとても便利ですので、以下の手順を参考にマクロのボタンを作ってみてください。

▲	A	B	C	D	E
1	月度	入金額	出金額		
2	1	¥2,100	¥900		
3	2	¥2,200	¥1,000		
4	3	¥2,300	¥1,100		
5	4	¥2,400	¥1,200		
6	5	¥2,500	¥1,300		
7	6	¥2,600	¥1,400		
8	7	¥2,700	¥1,500		
9	8	¥2,800	¥1,600		
10	9	¥2,900	¥1,700		
11	10	¥3,000	¥1,800		
12	11	¥3,100	¥1,900		
13	12	¥3,200	¥2,000		
14	合計	¥31,800	¥17,400		
15	前年対比	160.6%	93.5%		
16					
17					

コレです

計算

　なお、ネットなどではこれを「コントロール」というものを使って作る方法を教える場合が多いですが、ここでは、あえてエクセルユーザーの皆さんが普段から使いなれた「テキストボックス」を用いた、手軽に作れる実行ボタンの作り方を紹介します。

❶ マクロの入ったエクセルのファイル（拡張子が .xlsm のもの）を開きます。手持ちのものなら何でも構いません（上の例は gogo10.xlsm です）。

❷ シートに適当な大きさの（1文字が入る程度の）テキストボックスを適当な位置に作り、そのテキストボックスの中に「計算」（この文字はボタンの名称です。「実行」でも何でも適当な文字で構いません）と入力します。

※テキストボックスのメニューは、［挿入］タブ右方の［テキスト］グループにあります。

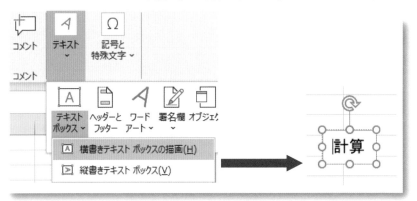

❸ 今作ったテキストボックスを右クリックして、表示されたメニューから［マクロの登録（N）...］を選択します。

❹ そうすると、［マクロの登録］画面が表示されたと思いますので、マクロの一覧から実行させたいマクロ名を選択して［OK］をクリックします。

準備はこれだけです。作ったボタンを押して実行してみましょう。

どうでしょうか？ 以前作ったマクロが、簡単にボタン一つで実行できるようになりましたね。

これまでマクロを実行させるときには、いちいち［開発］タブの［コード］で［マクロ］をクリック → 「マクロ」画面が出るので実行したいマクロ名を選んで［実行］ボタンをクリック……というように動かしていましたから、ボタンを作ることでずいぶん楽になったかと思います。

この方法を使えば、作ったマクロがなんでもボタン一つで実行できるようになります。なお、このマクロの実行ボタンは、通常の［テキストボックス］と同様に、テキストボックスの書式設定にて、色を付けたり文字を大きくしたりといった変更が可能です。

【注意】　このテキストボックスで作ったボタンは、普通にクリックをすると登録されたマクロが実行されてしまいます。そのため、このボタンへの各種修正操作（位置移動、フォントや名称の変更、削除など）をしたい場合には、**一旦マウスの右クリック**で選択状態にしてから、続けて左クリックをすることで、通常の操作状態にすることができます。

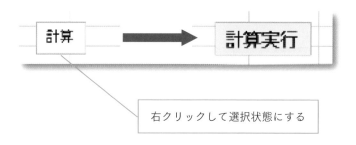

右クリックして選択状態にする

マクロ作りの鉄則 III
. . . .

データ取得、繰り返し処理（ループ文）、分岐処理（IF 文）

ここでは、第 2 章、第 3 章の重要な要点をまとめましょう。

エクセルのマクロプログラムを作成するにあたっての基本処理は、以下の 3 つです。
・セルデータの取り込み、
・繰り返し処理（ループ文）
・分岐処理（IF 文）

「マクロの記録」をある程度使いこなせるようになり、かつ、この 3 つの基本形さえしっかりと理解できていれば、プログラミングがより簡単になります。そのため、第 2 章、第 3 章で学習したこの 3 つの基本形だけは、どうぞしっかりとマスターしておくようにしてください。

●セルデータの取り込みの基本形　　・・・　レッスン 5
（65 ～ 66 ページ参照）

```
Range("C5").Select
a = ActiveCell.Value
```

●繰り返し処理（ループ文）の基本形　・・・　レッスン 11
（114 ページ参照）

```
For i = 1 To 10
    ある処理
Next i
```

● 分岐処理（IF 文）の基本形　　　・・・　レッスン 14
（137 ページ参照）

```
If c = "" Then
    Aの処理
Else
    Bの処理
 End If
```

第 4 章

ループと分岐を応用する（ループの中に IF 文を組み込む）

　マクロで処理をするのにふさわしいかどうか分かりませんが、ちょっと聞いてください。

　エクセルで空の表を 1000 行作っていて、それに入力をすれば、簡単な関数で結果が表示されるようにしています。この表を使って結果を求めたら、600 行埋まりました。残りの（使用していない）400 行は空欄の行（空行）のままです。

　残りの 400 行は、それらをドラッグして削除しています。この処理を自動化したいのです。ただ、シートは複数あって、各シートの結果表示後の空行はまちまちです。あるシートの空行は 300 行、別のシートの空行は 700 行だったりします。

　30 ぐらいあるすべてのシートで、使用していない行を削除する共通のマクロを作るにはどうしたらよいでしょうか？

【完成予想図】

	A	B	C
598	260-0852	青葉町	あおばちょう
599	260-0804	赤井町	あかいちょう
600	260-0002	旭町	あさひちょう
601			
602			
603			

	A	B	C
598	260-0852	青葉町	あおばちょう
599	260-0804	赤井町	あかいちょう
600	260-0002	旭町	あさひちょう
601			

シートごとに異なる空行を自動的に削除できるマクロを作りたい！

使用していない行から
下を削除する

　第 3 章ではループ処理（For 文）と分岐処理（IF 文）についての基本を学びました。今回のテーマでは、そのループ処理と分岐処理の両方を使った応用を学びましょう。

　今までより作るプログラムがちょっと複雑になってきますので、本章で作る「使用していない行から下を削除する」のマクロは、3 回に分けて完成させることとし、順を追ってていねいに説明していきます。読者の皆さんの中にも、余計な（要らない）行が残っていて見づらかったり、印刷するときにじゃまだったりするシートを我慢して使っていることが案外あるのではないでしょうか。そうした我慢を解消してみましょう。

　今回のテーマを実現するためのプログラムの処理手順は、次のようになります。
　1. 1 行目から 1000 行目までのデータを取得するループ処理を回す。
　2. そのループ処理の中で IF 文を使って最初の空欄の行を探しだす。
　3. 探しだした空欄の行から 1000 行目までの行を削除する。

　まずは、1. の部分のマクロを作っていくことにします。

1）いつものように、「マクロの記録」を使って簡単なマクロを作ってみます。

❶ エクセルを起動します。空のエクセルを立ち上げてください。
❷ ［開発］タブの［コード］で［マクロの記録］をクリック → 「マクロ

の記録」画面が出るので、そのまま ［OK］ をクリック。

❸ 次に B1 のセルを選択し、とりあえず abc と入力してください。

	A	B	C
1		abc	
2			
3			

❹ 打ち終わったら一度 ［Enter］ キーを押してから、［開発］ タブの ［コード］ で ［■記録終了］ をクリックして、マクロの記録を終了します。

2) さっそく、今作ったマクロプログラムの中身をのぞいてみます。

❶ ［開発］ タブの ［コード］ で ［Visual Basic］ をクリック。すると、見なれたマクロプログラム用の画面が表示されます。

❷ この画面の左上半分の ［＋標準モジュール］ という個所の＋の部分をクリックすると、そのすぐ下に ［Module1］ と表示されるので、その ［Module1］ をダブルクリックします。

```
(General)                                                    ▼
  Sub Macro1()
  '
  ' Macro1 Macro
  '

  '
      Range("B1").Select
      ActiveCell.FormulaR1C1 = "abc"
      Range("B2").Select
  End Sub
```

3）次に、このプログラムにちょっと手を加えてみましょう。

❶ まず、前章にて説明したループ処理の基本形プログラムの、**ある処理**というところが ActiveCell.FormulaR1C1 = "abc" の部分にあたりますので、基本形の前後の2行を追加する形で

```
For i = 1 To 1000
    ActiveCell.FormulaR1C1 = "abc"
Next i
```
と書き換えます。

❷ その ActiveCell.FormulaR1C1 = "abc" の行と次の Next i の行の間に、次の1行を追加してください。
```
        ActiveCell.Offset (1, 0) .Activate
```

　書き換えた後のプログラムは次のようになります。

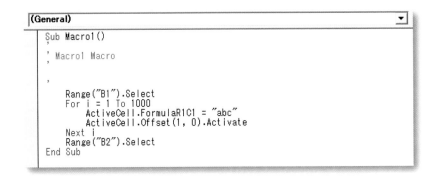

```
(General)
  Sub Macro1()
  '
  ' Macro1 Macro
  '

  '
      Range("B1").Select
      For i = 1 To 1000
          ActiveCell.FormulaR1C1 = "abc"
          ActiveCell.Offset(1, 0).Activate
      Next i
      Range("B2").Select
  End Sub
```

4）それでは、実行してみましょう。

❶ エクセルの画面に戻って、（シートは［Sheet1］のままで）［開発］タブの［コード］で［マクロ］をクリック → 「マクロ」画面が出るのでそ

のまま［実行］をクリック。

　実行した結果（ちょっと大変なことになったかも知れませんが）、Bの列に1000個、abcと縦に並んで表示されればOKです。

	A	B	C
997		abc	
998		abc	
999		abc	
1000		abc	
1001			
1002			

5) 続けてもう一つ、プログラムに手を加えておきます。

❶ プログラムの画面に戻って、
　ActiveCell.FormulaR1C1 = "abc"
と書いてある行を
　a = ActiveCell.Value
と書き換えます。

　書き換えた後のプログラムは次のようになります。

```
Sub Macro1()
'
' Macro1 Macro
'

'
    Range("B1").Select
    For i = 1 To 1000
        a = ActiveCell.Value
        ActiveCell.Offset(1, 0).Activate
    Next i
    Range("B2").Select
End Sub
```

　ここまでは、実行しても意味のないプログラムなので、特に実行してみる必要はありません。それでも、これで一応、最初の手順1.の「1行目から1000行目までのデータを取得するループ処理を回す。」の部分ができたことになります。

　今回は、ここまでで終了です。作ったマクロのプログラムは次回もこの続きでまた使いますので、ファイル保管しておいてください。（ファイルの種類［Excelマクロ有効ブック］、ファイル名 gogo16.xlsm ）。

※続けてこの先のレッスンに取り組む場合でも、次回の説明の都合上、必ず上記のファイル保存を行って、一旦 Excel を終了してから次へ進むようにしてください。

使用していない行から
下を削除する

　前回に続けて不要な行を削除するためのマクロを作っていきます。前回
にもお伝えしたように、今回のテーマを実現するためのプログラムの処理
手順は以下になります。

　　1. 1 行目から 1000 行目までのデータを取得するループ処理を回す。
　　2. そのループ処理の中で IF 文を使って最初の空欄の行を探しだす。
　　3. 探しだした空欄の行から 1000 行目までの行を削除する。

　今回は、上記手順 2. の部分を作っていきます。まずは、前回作成した
マクロの入ったエクセルファイル gogo16.xlsm をご用意ください。

1）まずは、前回作ったマクロプログラムの確認です。

❶ gogo16 を開きます。セキュリティ警告が表示された場合は、その右横
の［コンテンツの有効化］ボタンを押してください。

❷［開発］タブの［コード］で［Visual Basic］をクリック。すると、前
回作成したマクロプログラムが表示されます。

```
(General)                                                                    ▼
    Sub Macro1()
    '
    ' Macro1 Macro
    '

    '
        Range("B1").Select
        For i = 1 To 1000
            a = ActiveCell.Value
            ActiveCell.Offset(1, 0).Activate
        Next i
        Range("B2").Select
    End Sub
```

　このプログラムは、先ほどの手順の1.「1行目から1000行目までのデータを取得するループ処理を回す。」というものでした。今回は、これに前章で勉強した「分岐（IF文）処理」を組み込んでいきます。

2) それでは、このプログラムにちょっと手を加えてみたいと思います。

❶ 組み込むIF文は、分岐処理の基本形をちょっと変形した以下の4行です。

```
    If a = "" Then
        c = ActiveCell.Row
        ActiveCell.FormulaR1C1 = c
    End If
```

❷ このプログラムを、ループの中の処理の部分の

```
    a = ActiveCell.Value
    ActiveCell.Offset (1, 0) .Activate
```

の間にそっくり追加してください。

書き変えた後のプログラムは次ページのようになります。

```
(General)                                                              ▼
    Sub Macro1()
    '
    ' Macro1 Macro
    '
                                                    ❶の４行をここに追加する
    '
        Range("B1").Select
        For i = 1 To 1000
            a = ActiveCell.Value
            If a = "" Then
                c = ActiveCell.Row
                ActiveCell.FormulaR1C1 = c
            End If

            ActiveCell.Offset(1, 0).Activate
        Next i
        Range("B2").Select
    End Sub
```

　今追加した４行は、分岐処理の基本形から**Bの処理**の部分（もしそうで
なかったらの部分）を省いたものです。


```
If c = "" Then
    Aの処理
Else
    Bの処理
End If
```


　また、**Aの処理**が２行あります。最初の行の c = ActiveCell.Row
というのは、「アクティブな（選択）セルの行の番号を変数 c に代入す
る」という意味です。

3) それでは、実行してみましょう。

❶ エクセルの画面に戻ります（使用するシートは abc が 1000 個並んでい
る ［Sheet1］ です）。

❷ ここで、**B10 から B20 までのセルを選択し**、この間に表示されている abc をすべて削除します。

※　普通に Delete キーを使って消してください。

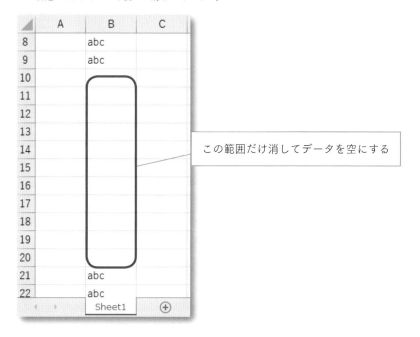

この範囲だけ消してデータを空にする

❸ 終わったら、［開発］タブの［コード］で［マクロ］をクリック → 「マクロ」画面が出るのでそのまま［実行］をクリック。

　B10 から B20 までのセルに、その行番号である 10 〜 20 が表示されれば OK です。

その行の行番号が自動表示される

　これは、今作ったマクロのプログラムが、「空欄のセルを見つけ出して、そこに行番号を表示した」結果です。

4) 続けてもう一つ、プログラムに手を加えておきます。

❶ プログラムの画面に戻って、先ほど追加した4行の3行目と4行目の間に、次の1行を追加してください。

```
Exit For
```

　追加した後のプログラムは次のようになります。

```
(General)                                                             ▼

   Sub Macro1()
   '
   '  Macro1 Macro
   '
   '
       Range("B1").Select
       For i = 1 To 1000
           a = ActiveCell.Value
           If a = "" Then
               c = ActiveCell.Row
               ActiveCell.FormulaR1C1 = c
               Exit For
           End If
           ActiveCell.Offset(1, 0).Activate
       Next i
       Range("B2").Select
   End Sub
```

　ここで追加した1行は、「最初の空欄の行を探しだしたら、ループ処理
（For文）を抜け出す」という意味で、1000回もループを繰り返すムダを
省くためのものです。

5) それでは、実行してみましょう。

❶ エクセルの画面に戻ります（実行するシートは同じく［Sheet1］で
す）。

❷ 先ほどと同様に、B10からB20までのセルを選択し、この間に表示さ
れている10 〜 20のデータをすべて削除します。

❸ 終わったら、［開発］タブの［コード］で［マクロ］をクリック →「マ
クロ」画面が出るのでそのまま［実行］をクリック。

　今度は、**B10のセルだけに**その行番号である10が表示されればOKで
す。

	A	B	C
8		abc	
9		abc	
10		⑩	
11			
12			
13			
14			
15			
16			
17			
18			
19			
20			
21		abc	
22		abc	

Sheet1

今度は最初の空欄である、ここのセルだけに表示される

　ムダなループを省いたので、実行が早く終わったように感じられたのではないでしょうか。

　今回はここまでで終了です。作ったマクロのプログラムは次回もこの続きでまた使いますので、ファイル保管しておいてください（ファイルの種類［Excel マクロ有効ブック］、ファイル名 gogo17.xlsm）。

※続けてこの先のレッスンに取り組む場合でも、次回の説明の都合上、必ず上記のファイル保存を行って、一旦 Excel を終了してから次へ進むようにしてください。

使用していない行から
下を削除する

　今回は、テーマを実現するための手順の 3. の部分のプログラムを作って、いよいよ完成させます。まずは、前回作成したマクロの入ったエクセルファイル gogo17.xlsm をご用意ください。

1）今回はまず、行削除の方法を「マクロの記録」で確認しておくことにします。

❶ まずは、gogo17 を開きます。セキュリティ警告が表示されたら、右側の［コンテンツの有効化］ボタンを押してください。

❷［開発］タブの［コード］で［マクロの記録］をクリック → 「マクロの記録」画面が出るので、そのまま［OK］をクリック。

❸ 次に、エクセルシートの 11 行から 20 行までの行を選択して、この 10 行を行ごと削除します。

※セルを選択するのではなく、行番号の部分を選択し、右ボタンメニューの［削除（D)］または、
　［ホーム］タブの［セル］グループから［削除］をクリックします。

	A	B	C
8		abc	
9		abc	
10		10	
11			
12			
13			
14			
15			
16			
17			
18			
19			
20			
21		abc	
22		abc	

右クリックメニュー:
- 切り取り(T)
- コピー(C)
- 貼り付けのオプション:
- 形式を選択して貼り付け(S)...
- 挿入(I)
- 削除(D)
- 数式と値のクリア(N)
- セルの書式設定(F)...
- 行の高さ(R)...
- 非表示(H)
- 再表示(U)

11～20までの行範囲を選択し、右クリック→［削除（D）］をクリック

❹ 終わったら、［開発］タブの［コード］で［■記録終了］をクリックして、マクロの記録を終了させます。

❺ ［開発］タブの［コード］で［Visual Basic］をクリックしてプログラムの画面を表示し、左上半分の［−標準モジュール］という個所の［Module2］をダブルクリックすると、今記録したプログラムが表示されます。

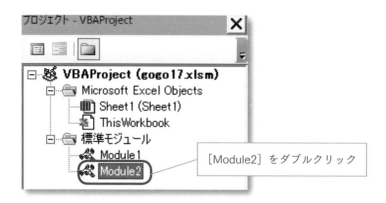

このプログラムを見ると、行削除は次の2行であることが容易に分かるでしょう。

　Rows（"11:20"）.Select

　Selection.Delete Shift:=xlUp

1行目が範囲指定で、2行目がその範囲を削除する、です。

2) それでは、この2行を使って元のプログラムに手を加えていきます。

❶ 左上半分の［－標準モジュール］という個所の［Module1］をダブルクリックすると、元のプログラム Macro1 が表示されますので、その下から3行目「 Next i」の行の下に、先ほどの2行を追加します。

　Rows（"11:20"）.Select

　Selection.Delete Shift:=xlUp

※ Macro2 からこの2行をコピー＆ペーストするとよいでしょう。

❷ 次に、今追加した 2 行の最初の行 Rows（"11:20"）.Select を「 c
の行から 1000 行まで 」という意味で、

　　　Rows（c & ":1000"）.Select

と書き変えてください。

　　書き変えた後のプログラムは次のようになります。

```
(General)                                                    ▼

  Sub Macro1()
  '
  ' Macro1 Macro

  '
      Range("B1").Select
      For i = 1 To 1000
          a = ActiveCell.Value
          If a = "" Then
              c = ActiveCell.Row
              ActiveCell.FormulaR1C1 = c
              Exit For
          End If
          ActiveCell.Offset(1, 0).Activate
      Next i
      Rows(c & ":1000").Select
      Selection.Delete Shift:=xlUp
      Range("B2").Select
  End Sub
```

　　実はもうこれだけで、今回のテーマは一応の完成です。

3）それでは、確認のため実行してみましょう。

❶ エクセルの画面に戻り、まずは新しいシートを 1 つ作成してください。

❷ 行番号にて 1000 行までの行選択をして（1000 行以内でなるべく多く
なら数百行でも可）、そこに罫線を引きます。
　　［行選択］→［右クリックメニュー］（または、［ホーム］タブの［フォ
ント］グループ）の［罫線］アイコンのプルダウン▼から「格子（A）」

を選ぶ。

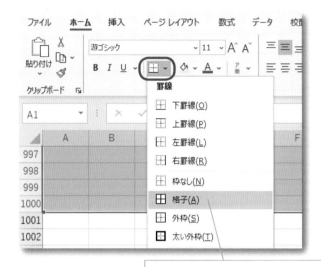

適当な位置まで行を選択して右クリック。
［罫線］アイコンのプルダウン∨から「格子」を選ぶ

❸ 次に、B1 のセルに適当な文字（例えば「ここまで」などと）入力し、オートフィル操作を使って引っ張る等で罫線のある範囲内で適当な位置まで、そのデータを下方へ複写します。

	A	B	C	D
1		ここまで		
2		ここまで		
3		ここまで		
4		ここまで		
5		ここまで		
6				
7				
8				
9				
10				

❹ 終わったら、[開発] タブの [コード] で [マクロ] をクリック →「マクロ」画面が出るのでそのまま [実行] をクリック。

　実行した結果、データがない行からの下の罫線が消えていれば OK です。

	A	B	C	D
1		ここまで		
2		ここまで		
3		ここまで		
4		ここまで		
5		ここまで		
6				
7				
8				
9				
10				

データのない行から下の罫線が消えてなくなっていれば OK

　今回はこれで終了です。今回完成したマクロもわかりやすいファイル名を付けて、ぜひ自分の資産となるよう大切に保管しておきましょう。

処理の手順（ロジック）は
まず紙に個条書きにすること

　プログラム作りでよく耳にする言葉に、「フローチャート（流れ図）」というものがあります。なにもコンピュータのプログラムを組む場合に限らず、作業のフローチャートとか、販売のフローチャートとかを書いた経験のある人も多いことと思います。

プログラミングでのフローチャートの例

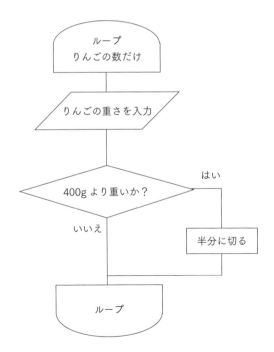

でも、このようなプログラムのフローチャートを書くとなると、素人にはかなりの重荷でハードルが高いと思います。そこで、このような図のフローチャートを使わずに、処理の流れを次のような個条書きの文章に書き出してみます。

　① りんごの重さを入力する。
　② もし、400g より重かったら半分に切る。
　③ もし、400g より軽かったらそのまま。
　④ ①～③を、りんごの数だけ繰り返す。

　いかがでしょうか？ これだったら、たった4行の短い文章を書くだけで済みますし、上記例のような図形を書くという必要もありません。ずっとハードルが下がり、分かりやすいですよね。
　まずは「紙に手順を個条書きする」ようにしましょう。これは、自分はどんなことをしたいのか？それはどうやって処理をしたらよいのか？ など、「（自分の頭の中を）整理することができる」という意味でも、とても重要です。
　ぜひ、このように頭の中を個条書きにして、より分かりやすく整理・整頓をしてみてください。プログラム作りに大いに役立つでしょう。

コメント（説明文）を書くときのコツ

　あるプログラムを作ったとします。作ったばかりのうちはよく分かっていますが、どんなプロのプログラマーでも、そしてベテランであっても、ちょっと昔に作ったプログラムの詳細については3カ月も経てば必ずといっていいほどすっかり忘れてしまうものです。

　自分が3日前の夕食に何を食べたのか？ を中々思い出せないのと一緒で、そのときにはよく覚えていたことでも、少し時間が経てば必ず誰でも忘れてしまうものです。

　中身を忘れてしまうことに備えて、プログラムを組んだら必ずコメントを書き込んでおくという**クセ（習慣）**を、ぜひ付けてください（完成してからでよいので、忘れないうちに書いておきます）。

　とは言っても、特に初心者の方にとっては、何にどんなコメントを書いておいたらいいのか？ と迷うことも多く、意外と大変な作業だとは思います。その答えを一言でいうなれば、ズバリ変数についての説明を書くです。

　プログラムの内容というものは、そのプログラムで使われている変数の意味が分かれば概ね理解ができるものです。例えば、英語の文章では、文法はよく分からなくても、単語の意味さえ辞書で調べて何か分かれば、大体内容は理解できてしまうのと一緒です。

　さらに、変数にコメントを書くときのコツとしては、「この変数は〇〇だ！」ではなくて、「この変数は何のために？」を基準として書くようにします。

　例えば、よくありがちなのは、次のようなものです。

```
kazu = Int(yen / 10000)   'kazu は変数
```

これでは、「『good morning!』は、英語だ！」と言っているのに等しいので無意味です。初心者の方でそのことに気付かずに、こうした意味の無いコメントをセッセと書き込んでいる人をよく見かけます。

　もう一つよくありがちなのが、

```
kazu = Int(yen / 10000)   'kazu は yen を 1000 円で割った商の数
```

これは先ほどの説明よりはまだましのようにも見えますが、例えると「『good morning!』は、おはよう！の意味」と英語を日本語にただ翻訳しただけの、即ち、プログラミング言語を日本語に翻訳しているだけに過ぎませんので、全く意味がありません。

　「この変数を使う目的は？」という視点から書くということが重要です。例えると「『good morning!』は、朝あった人に言う挨拶の言葉」と言うがごとくに、作ったプログラムには以下のような [良い例] の説明文をコメントとして書き残しておくように心がけましょう。

×悪い例

```
kazu = Int(yen / 10000)       'kazu：yenを10000で割った整数
amari = yen Mod 10000         'amari：yenを10000で割った余り
Cells(i, 3).Select
ActiveCell.Formula2R1C1 = kazu
yen = amari                   'yen：amariを入れる
```

○良い例

```
kazu = Int(yen / 10000)       'kazu：金種を表示させる為の数を保管
amari = yen Mod 10000         'amari：次の金種に引継ぐ為の余り
Cells(i, 3).Select
ActiveCell.Formula2R1C1 = kazu
yen = amari                   'yen：金種計算をする元の金額
```

第5章

曜日の色分けをした日付入りの1カ月の表を作るマクロ

◆本章で作りたいマクロ（エクセルユーザーからの要望）

日付	曜日	血圧値（上）	血圧値（下）

日付　曜日　血圧値（上）　血圧値（下）
1　水
2　木
3　金
4　土　←青色
5　日　←赤色　　　　←日曜の列は薄い橙色の網掛け
6　月
・　・
・　・

日付に曜日をつける。土曜と日曜は、曜日に着色。日曜の列は橙色の網掛け。
年と月を入力するだけでこの3つのことができる表の作り方を教えてください。

【完成予想図】

	A	B	C	D
1	日付	曜日	血圧値（上）	血圧値（下）
2	1	金		
3	2	土		
4	3	日		
5	4	月		
6	5	火		
7	6	水		
8	7	木		
9	8	金		

テーマ

曜日の色分けをした
日付入りの１カ月の表を作る

　今回は、日付に関連した内容を学びます。中でも、前ページの「本章で作りたいマクロ」にあるように、主に曜日を使ったマクロ作りについて体験していきましょう。

1）まず今回は、その元となる表作りから始めます。

❶ エクセルを起動します。空のエクセルを立ち上げてください。

❷ マクロの記録を使って、表の作成過程を記録していきます。まずは、いつものようにマクロの記録を開始します。
　［開発］タブの［コード］で［マクロの記録］をクリック ➡「マクロの記録」画面が出るので、そのまま［OK］をクリック。

❸ そうしたら少々面倒ではありますが、シートに以下の表を１つ各自で作成してみてください。表の説明は次ページにあります。

	A	B	C	D
1	日付	曜日	血圧値（上）	血圧値（下）
2	1			
3	2			
4	3			
29	28			
30	29			
31	30			
32	31			

【表の説明】

・表を作成する手順は自由です。自分のやりやすい方法で行って構いません。

・項目は、Ａ列に"日付"、Ｂ列に"曜日"、Ｃ列に"血圧値（上）"、Ｄ列に"血圧値（下）"、の計４つです。

・Ａ列"日付"の下に１〜31までを縦に入れます。オートフィルを使っても構いません。

・ついでに、罫線も付けてください。これは特に無くても構いません。

❹ 表が完成したら、［開発］タブの［コード］で［■記録終了］をクリックして、マクロの記録を終了します。

　この操作では、上記のような表を作成する過程のすべてを「マクロの記録」機能を使って記録したことになります。

2）それでは、今作ったマクロプログラムの中身をのぞいてみましょう。

❶ ［開発］タブの［コード］で［Visual Basic］をクリック。すると、もう見なれたマクロプログラム用の画面が表示されたと思います。

❷ この画面の左上半分の［＋標準モジュール］という個所の＋の部分をクリックすると、そのすぐ下に［Module1］と表示されるので、その［Module1］をダブルクリックします。

```
(General)                                                                    ▼

    Sub Macro1()

    ' Macro1 Macro

    '

        ActiveCell.FormulaR1C1 = "日付"
        ActiveCell.Characters(1, 2).PhoneticCharacters = "ヒヅケ"
        Range("B1").Select
        ActiveCell.FormulaR1C1 = "曜日"
        ActiveCell.Characters(1, 2).PhoneticCharacters = "ヨウビ"
        Range("C1").Select
        ActiveCell.FormulaR1C1 = "血圧値（上）"
        ActiveCell.Characters(1, 2).PhoneticCharacters = "ケツアツ"
        ActiveCell.Characters(3, 1).PhoneticCharacters = "チ"
        ActiveCell.Characters(5, 1).PhoneticCharacters = "ウエ"
        Range("D1").Select
        ActiveCell.FormulaR1C1 = "血圧値（下）"
                            .
                            .
                            .
```

※表の作り方によって、上記とは異なるプログラムになる場合があります。

　ちょっと長～いプログラムが出てきたことと思いますが、このプログラムの内容が分からなくても全く気にする必要はありません。もう多分お気付きと思いますが、このようにマクロの記録機能でプログラムを記録することで一度作った表などはコピーせずともマクロの実行によって、同じものを再現することができます。

3）それでは、確認のために実行してみましょう。

❶ エクセルの画面に戻って、新しいシートを1つ［Sheet2］を作成し、まだ何も書いていない空のシートを開いた状態にしてください。

❷ ［開発］タブの［コード］で［マクロ］をクリック →「マクロ」画面が出るのでそのまま［実行］をクリック。

実行した結果、[Sheet2] に先ほど [Sheet1] に作ったのと同じ表が再現できていれば OK です。

　すべてとは言いませんが、この方法を用いることで一度作った表などはほとんどの部分を忠実に再現することが可能です。

　今回はこれで終了です。ここで作ったマクロプログラムは次回もこの続きでまた使いますので、ファイル保管しておいてください。（ファイルの種類 Excel マクロ有効ブック 、ファイル名 gogo19.xlsm）。

※続けてこの先のレッスンに取り組む場合でも、次回の説明の都合上、必ず上記のファイル保存を行って、一旦 Excel を終了してから次へ進むようにしてください。

曜日の色分けをした
日付入りの１カ月の表を作る

前回は、前準備として簡単な表を作ってマクロに記録してみました。

今回は、曜日の扱い方について簡単に学びます。まずは、前回作成した
マクロの入ったエクセルファイル gogo19.xlsm をご用意ください。

1）はじめに、簡単なマクロプログラムを作ってみます。

❶ gogo19 を開きます。セキュリティ警告が表示された場合には、その右
横の［コンテンツの有効化］ボタンを押してください。

❷ シートの［Sheet1］を開いてください。まずは、いつものようにマク
ロの記録を開始します。［開発］タブの［コード］で［マクロの記録］を
クリック →「マクロの記録」画面が出るので、そのまま［OK］をクリッ
ク。

❸ F1 のセルに 2019 と入力してください。

❹ 続けて、G1 のセルに 10 と入力してください。

❺ 続けて、H1 のセルに 5 と入力してください。

❻ 打ち終わったら一度［Enter］キーを押してから、［開発］タブの［コ
ード］で［■記録終了］をクリックして、マクロの記録を終了します。

▲	A	B	C	D	E	F	G	H	I
1	日付	曜日	血圧値（上	血圧値（下）		2019	10	5	
2	1								
3	2								
4	3								

　この手順でおのおの入力した 2019、10、5 というのは、日付 2019 年 10 月 5 日のことを意味するものです。

2）ではさっそく、今作ったマクロプログラムの中身をのぞいてみます。

❶［開発］タブの［コード］で［Visual Basic］をクリック。すると、もう見なれたマクロプログラム用の画面が表示されたと思います。

❷ この画面の左上半分の［＋標準モジュール］という個所の下に［Module1］と［Module2］と表示されるので、その［Module2］の方をダブルクリックします。

```
(General)                                                          ▼
  Sub Macro2()
  '
  ' Macro2 Macro
  '
  '
      Range("F1").Select
      ActiveCell.FormulaR1C1 = "2019"
      Range("G1").Select
      ActiveCell.FormulaR1C1 = "10"
      Range("H1").Select
      ActiveCell.FormulaR1C1 = "5"
      Range("H2").Select
  End Sub
```

3) それでは、このプログラムにちょっと手を加えてみたいと思います。

❶ まず、
```
    ActiveCell.FormulaR1C1 = "2019"
```
と書いてある行を
```
    a = ActiveCell.Value
```
と書き換えてください。

❷ 同様に、
```
    ActiveCell.FormulaR1C1 = "10"
```
と書いてある行を
```
    b = ActiveCell.Value
```
と書き換えてください。

❸ 同じく、
```
    ActiveCell.FormulaR1C1 = "5"
```
と書いてある行を
```
    c = ActiveCell.Value
```
と書き換えてください。

❹ 最後に、
```
    Range("H2").Select
```
と `End Sub` の間に次の1行を追加します。
```
    ActiveCell.FormulaR1C1 = Weekday(a & "年" & b &"月"&
    c & "日")
```
※実際は1行です。
書き換えた後のプログラムは次ページのようになります。

```
(General)                                                              ▼
   Sub Macro2()
   ·
   ' Macro2 Macro
   ·
   ·
       Range("F1").Select
       a = ActiveCell.Value
       Range("G1").Select
       b = ActiveCell.Value
       Range("H1").Select
       c = ActiveCell.Value
       Range("H2").Select
       ActiveCell.FormulaR1C1 = Weekday(a & "年" & b & "月" & c & "日")
   End Sub
```

　ご承知の通り、1週間の曜日というのは、日曜〜土曜までの7つの種類
がありますので、まずは「今日は何曜日なのか？」を知る必要がありま
す。その方法が、最後に追加した行の Weekday（・・・）です。これは
曜日を判断する関数です。以下に、使い方を理解するための実習をやって
みましょう。

4) それでは、実行してみましょう。

❶ エクセルの画面に戻ります（シート［Sheet1］を開いた状態で）。

❷［開発］タブの［コード］で［マクロ］をクリック →「マクロ」画面が
出るので、マクロ名に「**Macro2**」を選択して［実行］をクリック。

実行した結果、H2 のセルに 7 という数字が表示されれば OK です。

2019 年 10 月 5 日が土曜日を示す数字の 7 が表示される

5）もう一度、実行してみましょう。

❶ まず、H1 のセルの 5 を 8 に打ち直してください。

❷［開発］タブの［コード］で［マクロ］をクリック →「マクロ」画面が
出るので、マクロ名に「Macro2」を選択して［実行］をクリック。

　今度は、H2 のセルに 3 という数字が表示されれば OK です。

2019 年 10 月 8 日が火曜日を示す数字の 3 が表示される

6）さらにもう一度、実行してみましょう。

❶ まず、H1 のセルの 8 を 9 に打ち直してください。

❷［開発］タブの［コード］で［マクロ］をクリック →「マクロ」画面が
出るので、マクロ名に「Macro2」を選択して［実行］をクリック。

今度は、H2 のセルに 4 という数字が表示されれば OK です。

	A	B	C	D	E	F	G	H	I
1	日付	曜日	血圧値（上	血圧値（下）		2019	10	9	
2	1							4	
3	2								
4	3								

2019 年 10 月 9 日が水曜日を示す数字の 4 が表示される

もうお分かりになりましたでしょうか？

2019 年 10 月 5 日（土曜日）の結果は 7 になりました。また、次の 2019 年 10 月 8 日（水曜日）の結果は 3 で、さらに、2019 年 10 月 9 日（木曜日）の結果は 4 です。

このように、Weekday( ) 関数では、7 つの曜日にそれぞれ 日, 月, 火, 水, 木, 金, 土 → 1, 2, 3, 4, 5, 6, 7 というように 、各曜日に割り当てられた番号の数字を返してくれます。この数字を知ることによって、「指定した日付が何曜日なのか？」という判断が可能になるわけです。この仕組みを使えば、何かいろいろとできそうな予感がもうしてきたことと思います。

今回はこれで終了です。ここで作ったマクロプログラムは次回もこの続きでまた使いますので、大切にファイル保管しておいてください。（ファイルの種類 Excel マクロ有効ブック 、ファイル名 gogo20.xlsm ）。

※続けてこの先のレッスンに取り組む場合でも、次回の説明の都合上、必ず上記のファイル保存を行って、一旦 Excel を終了してから次へ進むようにしてください。

曜日の色分けをした
日付入りの１カ月の表を作る

　前回は、曜日を数字で扱う方法について学びました。今回は、それを使って表に曜日を入れていきたいと思います。まずは、前回作成したマクロの入ったエクセルファイル gogo20.xlsm をご用意ください。

1）はじめに、前回作ったマクロプログラムの確認です。

❶ gogo20 を開きます。セキュリティ警告が表示されたら、右側の［コンテンツの有効化］ボタンを押してください。

❷ ［開発］タブの［コード］で［Visual Basic］をクリック。すると、前回作成したマクロプログラムが表示されたでしょう。

```
(General)                                                                    ▼

  Sub Macro2()
  '
  ' Macro2 Macro
  '
  '
      Range("F1").Select
      a = ActiveCell.Value
      Range("G1").Select
      b = ActiveCell.Value
      Range("H1").Select
      c = ActiveCell.Value
      Range("H2").Select
      ActiveCell.FormulaR1C1 = Weekday(a & "年" & b & "月" & c & "日")
  End Sub
```

　これに基づいて、まずは指定した年月の「１日が何曜日なのか？」を、表の１日の曜日を示す位置である B2 のセルに表示させてみましょう。

2) それでは、プログラムに手を加えていきましょう。

❶ まず、日付を表の日付の列から取ってくるようにします。そこで、次のように修正します。

　　Range("H1").Select　→　Range("A2").Select

❷ 次に、曜日を表示する位置は B2 のセルなので次のように修正します。

　　Range("H2").Select　→　Range("B2").Select

　変更した後のプログラムは以下のようになります。

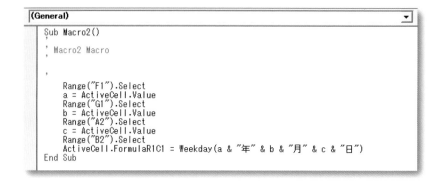

```
(General)
    Sub Macro2()
    '
    ' Macro2 Macro
    '
    '
        Range("F1").Select
        a = ActiveCell.Value
        Range("G1").Select
        b = ActiveCell.Value
        Range("A2").Select
        c = ActiveCell.Value
        Range("B2").Select
        ActiveCell.FormulaR1C1 = Weekday(a & "年" & b & "月" & c & "日")
    End Sub
```

3) それでは、実行してみましょう。

❶ エクセルの画面に戻ります（シートは ［Sheet1］ を開いた状態で）。

❷ H1 と H2 のセルはもう使いません。表示されている数字は必要ないので、消してしまってください。

❸ ［開発］ タブの ［コード］ で ［マクロ］ をクリック →「マクロ」画面が出るので、マクロ名に 「Macro2」 を選択して ［実行］ をクリック。

実行した結果、B2 のセルに「 3 」が表示されれば OK です。

2019 年 10 月の最初の日が火曜日であることを示す数字の 3 が表示される

　この数字は、前回説明した通り火曜日を意味します。よって「2019 年 10 月の最初の日（1 日）は火曜日である」ということが、このプログラムによって自動的に判定されたことになります。

　ただし、このような数字では普通の人には何曜日なのだか？分かりません。そこで、もう少しプログラムに工夫する必要があります。

4) もう一つプログラムに手を加えてみましょう。

❶ IF 文を使って、3 だったら土曜日だというようにします。
```
ActiveCell.FormulaR1C1 = Weekday(a & "年" & b & "
```

　　　　月"& c & "日")

となっている1行を

　　If Weekday(a & "年" & b & "月" & c & "日") = 3 Then
　　　　ActiveCell.FormulaR1C1 = "火"
　　End If

というIF文の基本形を使った3行に修正します。

　　変更した後のプログラムは次のようになります。

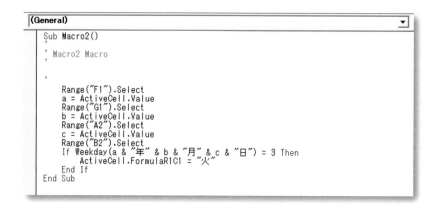

5）それでは、実行してみましょう。

❶ エクセルの画面に戻ります（シートは［Sheet1］を開いた状態で）。

❷［開発］タブの［コード］で［マクロ］をクリック →「マクロ」画面が
出るので、マクロ名に**「Macro2」を選択して**［実行］をクリック。

　　今度は、数字ではなく誰でも2019年10月の最初の日が「火曜日」だと
分かる「火」という文字が1日横のB列に表示されたことと思います。

	A	B	C	D	E	F	G	H	I
1	日付	曜日	血圧値（上	血圧値（下）		2019	10		
2	1	火							
3	2								
4	3								
5	4								

　今回はこれで終了です。ここで作ったマクロプログラムは次回もこの続きでまた使いますので、大切にファイル保管しておいてください。（ファイルの種類 Excel マクロ有効ブック 、ファイル名 gogo21.xlsm ）。

※続けてこの先のレッスンに取り組む場合でも、次回の説明の都合上、必ず上記のファイル保存を行って、一旦 Excel を終了してから次へ進むようにしてください。

テーマ

曜日の色分けをした
日付入りの１カ月の表を作る

　前回までは、曜日の扱い方についての基本を勉強してきました。今回は、それを使って、表のすべての日付の横に曜日を入れていきます。

　まずは、前回作成したマクロの入ったエクセルファイル gogo21.xlsm をご用意ください。

1）はじめに、前回作ったマクロプログラムの確認です。

❶ gogo21 を開きます。セキュリティ警告が表示されたら、その右側の［コンテンツの有効化］ボタンを押してください。

❷ ［開発］タブの［コード］で［Visual Basic］をクリック。すると、前回作成したマクロプログラムが表示されたでしょう。

```
(General)                                                          ▼

    Sub Macro2()

    ' Macro2 Macro

    '
        Range("F1").Select
        a = ActiveCell.Value
        Range("G1").Select
        b = ActiveCell.Value
        Range("A2").Select
        c = ActiveCell.Value
        Range("B2").Select
        If Weekday(a & "年" & b & "月" & c & "日") = 3 Then
            ActiveCell.FormulaR1C1 = "火"
        End If
    End Sub
```

　前回までのこのプログラムで、どうにか月の初めの１日が何曜日である

かを表示することができるようなりました。今回は、すべての日付の曜日を表示することにトライします。いくつか方法はありますが、ここでは一番オーソドックスな方法を使ってやっていきましょう。

2）それでは、プログラムに手を加えていきます。

❶ まず、プログラム中のIF文部分の3行

```
If Weekday (a & "年" & b & "月" & c & "日") = 3 Then
     ActiveCell.FormulaR1C1 = "火"
End If
```

を、3行まるごと**6回コピー**して、同じ3行を計7個作ります。

❷ 次に、その7個ある3行の最初の行の

```
If Weekday (a & "年" & b & "月" & c & "日") = 3 Then
```

の、曜日番号を示す7の部分を、上から順に1～7に変更します。

❸ さらに、その7個ある3行の2番目の行の

```
     ActiveCell.FormulaR1C1 = "火"
```

の、曜日を示す＝"火"の部分を、上から順に"日"～"土"に修正します。

修正した後のプログラムは次ページのようになります。

```
Sub Macro2()
'
' Macro2 Macro
'

'
    Range("F1").Select
    a = ActiveCell.Value
    Range("G1").Select
    b = ActiveCell.Value
    Range("A2").Select
    c = ActiveCell.Value
    Range("B2").Select
    If Weekday(a & "年" & b & "月" & c & "日") = 1 Then
        ActiveCell.FormulaR1C1 = "日"
    End If
    If Weekday(a & "年" & b & "月" & c & "日") = 2 Then
        ActiveCell.FormulaR1C1 = "月"
    End If
    If Weekday(a & "年" & b & "月" & c & "日") = 3 Then
        ActiveCell.FormulaR1C1 = "火"
    End If
    If Weekday(a & "年" & b & "月" & c & "日") = 4 Then
        ActiveCell.FormulaR1C1 = "水"
    End If
    If Weekday(a & "年" & b & "月" & c & "日") = 5 Then
        ActiveCell.FormulaR1C1 = "木"
    End If
    If Weekday(a & "年" & b & "月" & c & "日") = 6 Then
        ActiveCell.FormulaR1C1 = "金"
    End If
    If Weekday(a & "年" & b & "月" & c & "日") = 7 Then
        ActiveCell.FormulaR1C1 = "土"
    End If
End Sub
```

　ちょっと長くて見づらいプログラムになってしまいました。本来なら、
こうした場合には Select 文というものを使ったプログラムを書きます。
ただし、本書では Select 文をまだ勉強していませんので、今回は頑張っ
て IF 文を使っていくことにします。

※ Select 文が分かる方は Select 文に変えても構いません。

3) それでは、実行してみましょう。

❶ エクセルの画面に戻ります（シートは［Sheet1］を開いた状態で）。

❷ F1 のセルに 2101 、G1 のセルに 1 と入力してください。

	A	B	C	D	E	F	G	H
1	日付	曜日	血圧値（上	血圧値（下）		2101	1	
2	1	土						

❸ ［開発］タブの［コード］で［マクロ］をクリック →「マクロ」画面が
出るので、マクロ名に「**Macro2**」を選択して［実行］をクリック。

　実行した結果、22 世紀の記念すべき最初の日（2101 年 1 月 1 日）は 土
曜日 であるということが分かりました。

	A	B	C	D	E	F	G	H
1	日付	曜日	血圧値（上	血圧値（下）		2101	1	
2	1	土						
3	2							

　後は、このプログラムにループ処理（For 文）を加えてやりさえすれ
ば、他の日付の横にも曜日が表示できそうですね。

4）では、プログラムにその For 文を加えてみたいと思います。

❶ まず、最初の IF 文の
　If Weekday (a & "年" & b & "月" & c & "日") = 1 Then
　の上に、次の 1 行を追加します。
　For i = 1 To 31

❷ 次に、今追加した行の
　For i = 1 To 31
　の下に、次の 1 行を追加します。
　　c = i

❸ 次に、一番最後の IF 文の

　End If

の下に次の 1 行を追加します。

　Next i

❹ 最後に、今追加した行の

　Next i

の上に次の 1 行を追加します。

　ActiveCell.Offset (1, 0).Activate

　変更した後のプログラムは次ページのようになります。ちょっと面倒ですが、For 文の中は次ページのようにちゃんと字下げ（Tab キーで）も行ってくださいね。範囲指定すれば Tab キー 1 回で大丈夫です。

```
Sub Macro2()
'
' Macro2 Macro
'

'
    Range("F1").Select
    a = ActiveCell.Value
    Range("G1").Select
    b = ActiveCell.Value
    Range("A2").Select
    c = ActiveCell.Value
    Range("B2").Select
    For i = 1 To 31
        c = i
        If Weekday(a & "年" & b & "月" & c & "日") = 1 Then
            ActiveCell.FormulaR1C1 = "日"
        End If
        If Weekday(a & "年" & b & "月" & c & "日") = 2 Then
            ActiveCell.FormulaR1C1 = "月"
        End If
        If Weekday(a & "年" & b & "月" & c & "日") = 3 Then
            ActiveCell.FormulaR1C1 = "火"
        End If
        If Weekday(a & "年" & b & "月" & c & "日") = 4 Then
            ActiveCell.FormulaR1C1 = "水"
        End If
        If Weekday(a & "年" & b & "月" & c & "日") = 5 Then
            ActiveCell.FormulaR1C1 = "木"
        End If
        If Weekday(a & "年" & b & "月" & c & "日") = 6 Then
            ActiveCell.FormulaR1C1 = "金"
        End If
        If Weekday(a & "年" & b & "月" & c & "日") = 7 Then
            ActiveCell.FormulaR1C1 = "土"
        End If
        ActiveCell.Offset(1, 0).Activate
    Next i
End Sub
```

ここで最後に追加した ActiveCell.Offset (1, 0) .Activate とい
うのは、以前も何度か本書で出てきたものですが「書き込むセルを縦方向
に移動する」という意味の行です。

5) それでは、実行してみましょう。

❶ エクセルの画面に戻ります（シートは［Sheet1］を開いた状態で）。

❷ F1 のセルに 2019 、G1 のセルに 12 と入力してください。

❸［開発］タブの［コード］で［マクロ］をクリック → 「マクロ」画面が
出るので、マクロ名に「Macro2」を選択して［実行］をクリック。

これで、12月1日の土曜日から12月31日が月曜日まで、2019年12月の
カレンダーのすべての曜日が表示されたことと思います。

	A	B	C	D	E	F	G	H
1	日付	曜日	血圧値（上	血圧値（下）		2019	12	
2	1	日						
3	2	月						
4	3	火						
5	4	水						
6	5	木		2019年12月の曜日のすべてが自動表示される				
7	6	金						
8	7	土						
9	8	日						
10	9	月						

　今回はこれで終了です。

　今回作ったマクロプログラムは次回もこの続きでまた使いますので、大
切に保管しておいてください。（ファイル名：gogo22.xlsm）

※もし、続けてこの先のレッスンをやるという場合でも、（次回説明の都合上）必ず上記のファ
　イル保存を行って、一旦 Excel を終了してから次へ進むようにしてください。

曜日の色分けをした
日付入りの１カ月の表を作る

　前回は、前々回に学んだ曜日の扱い方を使って、１カ月の表の 31 日までのすべての日付の横に曜日を入れるというところまでをやりました。ただ、日付というのは 31 日まであるとは限りません。30 日までの月もあれば、2 月は 28 日だったり 29 日の年もあります。そこで今回は、「小の月」や「閏年」に対応する方法について勉強します。

　まずは、前回作成したマクロの入ったエクセルファイル gogo22.xlsm をご用意ください。

1）今回は、まず実行してみます。

❶ gogo22 を開き、シートの［Sheet1］を開きます。セキュリティ警告が表示されたら、右側の［コンテンツの有効化］ボタンを押してください。

❷ まず、曜日欄（B 列）に表示されている曜日を（B2 ～ B32 のセルを）すべて削除してください。

❸ 次に、G1 のセルに 11 月の意味で 11 と入力してください。

❹ 打ち終わったら一度［Enter］キーを押してから、実行します。
　［開発］タブの［コード］で［マクロ］をクリック → 「マクロ」画面が出るので、マクロ名に「**Macro2**」を選択して［実行］をクリック。

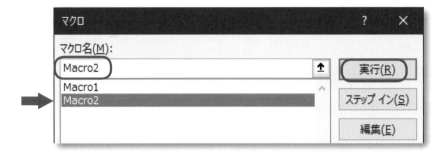

　すると、おやおや？　次のように「実行時エラー 13　型が一致しません。」というエラー画面が表示されてしまいました。ここでは「終了」ボタンを押してください。

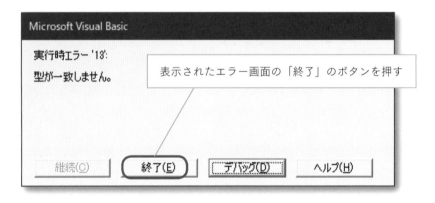

表示されたエラー画面の「終了」のボタンを押す

　ここで表示されたエラーの理由を考えてみましょう。

　当然のことながら 11 月には 31 日という日付はありません。それなのに、「11 月 31 日は何曜日？」と聞かれたからエラーを起してしまったわけです。

2）それでは、このエラーを回避する方法をプログラムに加えてみます。

❶ まずはマクロのプログラムを表示します。［開発］タブの［コード］で
［Visual Basic］をクリックします。

❷ このプログラムの最初の処理行である Range（"F1"）.Select の上に
次の1行を追加します。

On Error Resume Next

　追加した後のプログラムは次のようになります。

```
(General)                                                          ▼
Sub Macro2()
'
' Macro2 Macro
'
'
On Error Resume Next
    Range("F1").Select
    a = ActiveCell.Value
    Range("G1").Select
    b = ActiveCell.Value
    Range("A2").Select
    c = ActiveCell.Value
    Range("B2").Select
    For i = 1 To 31
        .
        .
        .
    Next i
End Sub
```

　今追加した On Error Resume Next の意味については、いずれ詳し
く説明しますので、ここではとりあえず「エラーを回避するためのおまじ
ない」だと思っていてください。

　なお、この On Error Resume Next という行は、特殊な意味を持っ
ているものなので（私の場合は）、あえて字下げは行わずに行の頭から記
述するようにしています。

3）それでは、実行してみましょう。

❶ エクセルの画面に戻ります（シートは［Sheet1］を開いた状態で）。

❷ まず、先ほどと同じようにB列に表示されている曜日欄の曜日（B2〜B32のセル）はすべて削除してください。

❸［開発］タブの［コード］で［マクロ］をクリック →「マクロ」画面が出るので、マクロ名に**「Macro2」を選択して**［実行］をクリック。

　すると今度はどうでしょうか？　先ほどのようなエラーは出ません。しかし、おやおや？　11月31日も土曜日になってしまいました。これではせっかくエラーが出なくなったといっても、元も子もありませんね。

	A	B	C	D
1	日付	曜日	血圧値（上	血圧値（下）
2	1	金		
3	2	土		
4	3	日		
5	4	月		
6	5	火		
24	23	土		
25	24	日		
26	25	月		
27	26	火		
28	27	水		
29	28	木		
30	29	金		
31	30	土		
32	31	土		

31日もなぜか土曜日になっている

4）そこで、最後にプログラムにもう1行追加したいと思います。

❶ プログラム中の最初のIF文である

```
If Weekday (a & "年" & b & "月" & c & "日") = 1 Then
```

の下に、次の1行を追加します。

```
If Err.Number <> 0 Then Exit For
```

追加した後のプログラムは次のようになります。

```
(General)                                                              ▼

Sub Macro2()

' Macro2 Macro

'
On Error Resume Next
    Range("F1").Select
    a = ActiveCell.Value
    Range("G1").Select
    b = ActiveCell.Value
    Range("A2").Select
    c = ActiveCell.Value
    Range("B2").Select
    For i = 1 To 31
        c = i
        If Weekday(a & "年" & b & "月" & c & "日") = 1      追加した1行
            If Err.Number <> 0 Then Exit For  ⬅
            ActiveCell.FormulaR1C1 = "日"
        End If
        If Weekday(a & "年" & b & "月" & c & "日") = 2 Then
            ActiveCell.FormulaR1C1 = "月"
        End If
        If Weekday(a & "年" & b & "月" & c & "日") = 3 Then
            ActiveCell.FormulaR1C1 = "火"
        End If
        If Weekday(a & "年" & b & "月" & c & "日") = 4 Then
            ActiveCell.FormulaR1C1 = "水"
        End If
        If Weekday(a & "年" & b & "月" & c & "日") = 5 Then
            ActiveCell.FormulaR1C1 = "木"
        End If
        If Weekday(a & "年" & b & "月" & c & "日") = 6 Then
            ActiveCell.FormulaR1C1 = "金"
        End If
        If Weekday(a & "年" & b & "月" & c & "日") = 7 Then
            ActiveCell.FormulaR1C1 = "土"
        End If
        ActiveCell.Offset(1, 0).Activate
    Next i
End Sub
```

今追加した1行である **If Err.Number <> 0 Then Exit For** につ
いて説明します。この Err.Number いうのは、その名のごとく「エラー
番号」を意味します。エラーがない場合には Err.Number は必ず 0 を返
します。すなわち、これがもし「 0 だったらエラーなし」という意味に
なり、その逆に、これがもし「 0 以外だったらエラーあり」ということ
を示します。

それで、この場合は特に <>（不等号）にて「 0 以外はエラー」といっ

たエラー判定を行うのが一般的となっています。

　また、Exit For は以前にも出てきましたね。ループの処理の中で使う「ここへ来たらループを抜ける」という命令文です。この時点でループからは抜け出して（Next i の下まで飛んで）ループの処理が終了することを意味します。

　なお、この書き方は基本形 IF 文のいわば短縮形になっています。短縮しないで書く場合には、次のようになります。

```
If Err.Number <> 0 Then Exit For
↓
If Err.Number <> 0 Then
   Exit For
End If
```

※どちらでも意味は全く同じです。

5）それでは、実行してみましょう。

❶ エクセルの画面に戻ります（シートは［Sheet1］を開いた状態で）。

❷ まず、先ほどと同じように B 列に表示されている曜日欄の曜日（B2 ～ B32 のセル）はすべて削除してください。

❸ ［開発］タブの［コード］で［マクロ］をクリック →「マクロ」画面が出るので、マクロ名に**「Macro2」を選択して**［実行］をクリック。

　実行した結果、今度は 31 日の土の誤表示がなければ OK です。

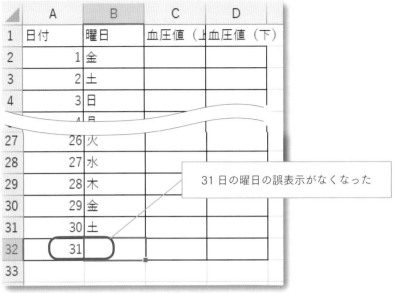

31 日の曜日の誤表示がなくなった

6) それでは、続けてもう一度試してみましょう。

❶ まず、同様に B 列に表示されている曜日欄の曜日（B2 ～ B32 のセル）をまたすべて消してください。

❷ 次に、F1 のセルに 2020 、G1 のセルに今度は 2 月の意味で 2 と打ってください。

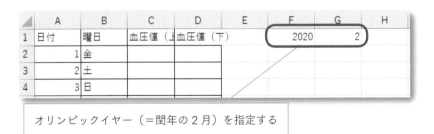

オリンピックイヤー（＝閏年の 2 月）を指定する

❸ 打ち終わったら一度［Enter］キーを押してから、［開発］タブの［コ

ード］で［マクロ］をクリック →「マクロ」画面が出るので、マクロ名
に「Macro2」を選択して［実行］をクリック。

実行した結果、29日までの曜日が表示されればOKです。

	A	B	C	D	E	F	G	H
1	日付	曜日	血圧値（上	血圧値（下）		2020	2	
2	1	土						
3	2	日						
4	3	月						
5	4	火						
6	5	水						
7	6	木						
8	7	金						
9	8	土						
10	9	日						
11	10	月						

	A	B	C	D	E	F	G	H
25	24	月						
26	25	火		閏年にも対応していることが確認できる				
27	26	水						
28	27	木						
29	28	金						
30	29	土						
31	30							
32	31							

これで一応、エラーもなくすべての月のすべての日付の正しい曜日が表
示できる（大の月も、小の月も、閏年の2月の29日も）プログラムにな
ったことが確認できました。

なお、先ほど「おまじない」だといってた On Error Resume Next
について説明します。この1行の意味は、これ以降エラーで処理をストッ
プさせずに（エラーは無視して）処理を続けろ、という命令文です。この
1行をプログラムの先頭に追加することで、このプログラム全体で一切実
行時にはエラーが出なくなります。

また、最後に追加した If Err.Number <> 0 Then Exit For です

が、これは最初のIF文の中にのみあれば事足りますので、1カ所に挿入すれば（その後のIF文中には要らない）いいものです。エラーの日付の時には、最初のIF文で必ず引っ掛かってループを抜け出るからです。

　今回はこれで終了です。ここで作ったマクロプログラムは次回もこの続きでまた使いますので、大切にファイル保管しておいてください。（ファイルの種類Excelマクロ有効ブック、ファイル名 gogo23.xlsm ）。

※続けてこの先のレッスンに取り組む場合でも、次回の説明の都合上、必ず上記のファイル保存を行って、一旦Excelを終了してから次へ進むようにしてください。

テーマ

曜日の色分けをした
日付入りの１カ月の表を作る

　今回からはいよいよ、テーマの本題となる「曜日に色を付ける方法」について学びます。まずは、前回作成したマクロの入ったエクセルファイル gogo23.xlsm をご用意ください。

1) はじめに簡単なプログラムを作ってみます。

❶ gogo23 を開き、シートの［Sheet1］を開いてください。セキュリティ警告が表示されたら、右側の［コンテンツの有効化］ボタンを押してください。

❷ まずは、いつものようにマクロの記録を開始します。［開発］タブの［コード］で［マクロの記録］をクリック → 「マクロの記録」画面が出るので、そのまま［OK］をクリック。

❸ そうしたら、B 列に表示されている曜日欄で、土（土曜日）になっているセルをどこでもいいので１つ選択して、通常のエクセル操作でその土 の文字のフォントの色を青色に変えてください。
　［ホーム］タブの［フォント］グループの［フォントの色］のプルダウンをクリック → 「標準の色」の右から 3 番目の［青色］の■をクリック。

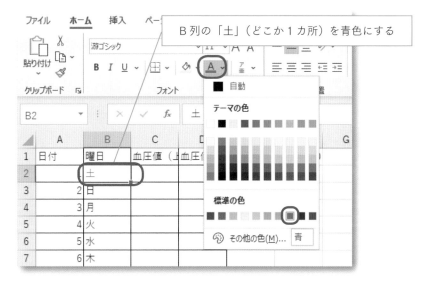

B列の「土」（どこか1カ所）を青色にする

❹ 同様に、今度はその下の日曜日の 日 の文字のフォントの色を赤色に変えます。［ホーム］タブの［フォント］グループの［フォントの色］のプルダウンをクリック → 「標準の色」の左から2番目の［赤色］の■をクリック。

❺ 最後に、［開発］タブの［コード］で［■記録終了］をクリックして、マクロの記録を終了します。

2）では、今作ったマクロプログラムの中身をのぞいてみます。

❶ まず、プログラムの画面を表示します。［開発］タブの［コード］で［Visual Basic］をクリック。

❷ この画面の左上半分の［＋標準モジュール］という個所の一番下に表示されている［Module3］を**ダブルクリック**します。

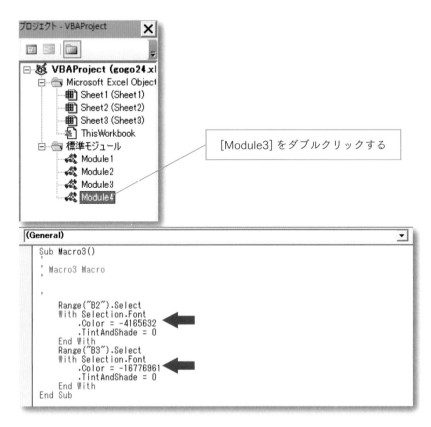

[Module3] をダブルクリックする

今行った「マクロの記録」によって、文字のフォントに色を付ける方法が分かりましたね。そうです、.Color = -4165632 といった行です。この行の数字の部分は色の識別番号を意味しますので、最初の土曜日に付けた青色は -4165632 番、次の日曜日の赤色は -16776961 番であることが分かります。

※上記プログラム中の数字の部分（B2 の 2 や -4165632 等）に関しては、必ずしも上記と違っていても問題ありませんので、数字の違いは気にせず先へ進んでください。

これを使って、曜日欄に自動で色を付けるプログラムを作っていきます。

3) それでは、元のプログラムにちょっと手を加えてみたいと思います。

❶ 画面の左上半分の［＋標準モジュール］という個所の今度は
[Module2] **をダブルクリック**して、前回までに作ってきた Macro2 のプ
ログラムを表示します。

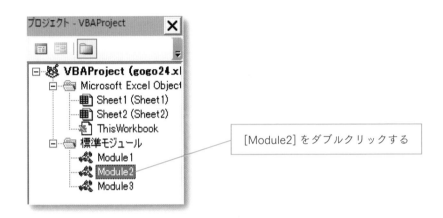

[Module2] をダブルクリックする

❷ まず、下から5行目の ActiveCell.FormulaR1C1 = ″土″の行の下
に
```
  With Selection.Font
      .Color = -4165632
      .TintAndShade = 0
  End With
```
という4行を追加します。時間節約と打ち間違いを防ぐために、先の
Macro3からこの4行をコピー＆ペーストして追加するのがよいでしょう。

❸ 同じく、ActiveCell.FormulaR1C1 = ″日″の行の下に
```
  With Selection.Font
      .Color = -16776961
      .TintAndShade = 0
  End With
```

という4行を追加します。これもコピーするとよいでしょう。

追加した後のプログラムは次のようになります。

```
(General)

Sub Macro2()
'
' Macro2 Macro
'
'
On Error Resume Next
    Range("F1").Select
    a = ActiveCell.Value
    Range("G1").Select
    b = ActiveCell.Value
    Range("A2").Select
    c = ActiveCell.Value
    Range("B2").Select
    For i = 1 To 31
        c = i
        If Weekday(a & "年" & b & "月" & c & "日") = 1 Then
            If Err.Number <> 0 Then Exit For
            ActiveCell.FormulaR1C1 = "日"
            With Selection.Font
                .Color = -16776961
                .TintAndShade = 0
            End With
        End If
        If Weekday(a & "年" & b & "月" & c & "日") = 2 Then
            ActiveCell.FormulaR1C1 = "月"
        End If

                .
                .
                .

        If Weekday(a & "年" & b & "月" & c & "日") = 6 Then
            ActiveCell.FormulaR1C1 = "金"
        End If
        If Weekday(a & "年" & b & "月" & c & "日") = 7 Then
            ActiveCell.FormulaR1C1 = "土"
            With Selection.Font
                .Color = -4165632
                .TintAndShade = 0
            End With
        End If
        ActiveCell.Offset(1, 0).Activate
    Next i
End Sub
```

　今追加した行は、文字どおり先ほど行った「マクロの記録」を使って得た「文字のフォントに色を付ける方法」を用いたものです。

4) それでは、実行してみましょう。

❶ エクセルの画面に戻って、新しいシートを 1 つ［Sheet3］を作成し、その空のシートの **A1 のセルが選択された状態**にしてください。

※ A1 以外を押して選択してしまうと次の ❷ で実行した際にできる表の位置がずれてしまいますのでご注意ください。

❷ まずは、全体のフォームを作っておくために、以下の操作で「Macro1」を実行します。［開発］タブの［コード］で［マクロ］をクリック → 「マクロ」画面が出るので、**そのまま（Macro1 が選ばれた状態で）**［実行］をクリック。

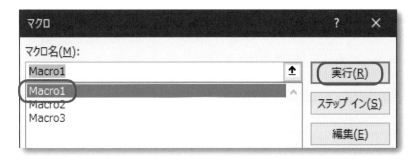

❸ 次に、F1 のセルに 2019 と入力してください。

❹ 続けて、G1 のセルに 12 と入力してください。

	A	B	C	D	E	F	G	H
1	日付	曜日	血圧値（上	血圧値（下）		2019	12	
2		1						
3		2						
4		3						

❺ 打ち終わったら一度［Enter］キーを押してから、以下の操作で「Macro2」を実行します。［開発］タブの［コード］で［マクロ］をクリック → 「マクロ」画面が出るので、マクロ名に今度は**「Macro2」を選択して**［実行］をクリック。

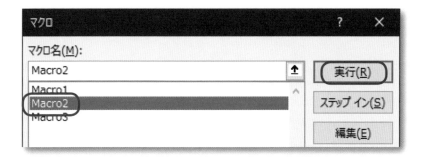

　実行した結果、土曜日と日曜日に色の付いた（2019年12月）のカレンダーができあがればOKです。

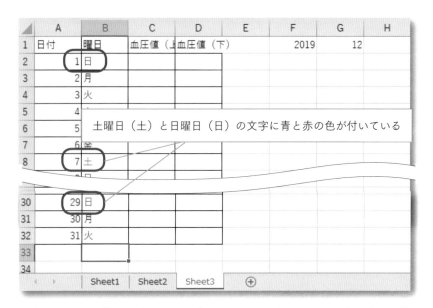

　今回はこれで終了です。ここで作ったマクロプログラムは次回もこの続きでまた使いますので、大切にファイル保管しておいてください。（ファイルの種類 Excel マクロ有効ブック 、ファイル名 gogo24.xlsm ）。

※続けてこの先のレッスンに取り組む場合でも、次回の説明の都合上、必ず上記のファイル保存を行って、一旦 Excel を終了してから次へ進むようにしてください。

曜日の色分けをした
日付入りの1カ月の表を作る

　前回は曜日に色を付けるところまでを完成させました。今回は続けて「網掛け」を行うプログラムを作っていきます。

　まずは、前回作成したマクロの入ったエクセルファイル gogo24.xlsm をご用意ください。

1）はじめに、簡単なマクロプログラムを作ってみます。

❶ gogo24 を開き（セキュリティ警告が表示されたら、右側の［コンテンツの有効化］ボタンを押してください）、前回作ったシートの［Sheet3］を開いてください。

❷ まずは、いつものようにマクロの記録を開始します。［開発］タブの［コード］で［マクロの記録］をクリック → 「マクロの記録」画面が出るので、そのまま［OK］をクリック。

❸ そうしたら、通常のエクセル操作で、現在選択されているセルの塗りつぶしの色をオレンジ色に変えてください。それには、［ホーム］タブの［フォント］グループの［塗りつぶしの色］のプルダウンをクリック → 「標準の色」の左から3番目のオレンジ色の▓をクリックします。

※ここで網掛けをするセルはどこのセルでも構わないので、セル選択が記録されてしまわないように（ここでのセルのクリックはしないよう）注意してください。

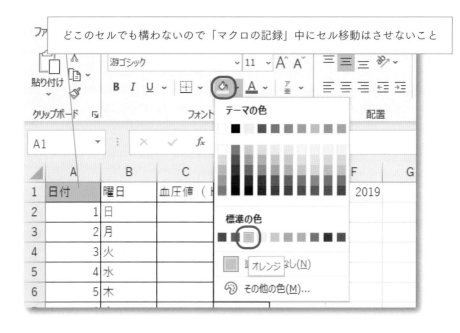

どこのセルでも構わないので「マクロの記録」中にセル移動はさせないこと

❹ マクロの記録を終了します。[開発] タブの [コード] で [■記録終了] をクリック。

2) では、今作ったマクロプログラムの中身をのぞいてみます。

❶ まず、マクロプログラムの画面を表示します。[開発] タブの [コード] で [Visual Basic] をクリック。

❷ この画面の左上半分の [＋標準モジュール] という個所の一番下に表示されている [Module4] をダブルクリックします。

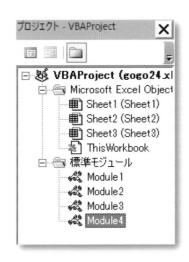

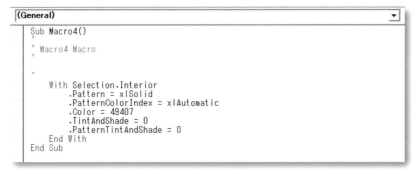

```
Sub Macro4()
'
' Macro4 Macro
'

'
    With Selection.Interior
        .Pattern = xlSolid
        .PatternColorIndex = xlAutomatic
        .Color = 49407
        .TintAndShade = 0
        .PatternTintAndShade = 0
    End With
End Sub
```

　今表示されたこの Sub Macro4 というのが、「選択されているセルをオレンジ色の網掛けにする」ためのプログラムということになります。

※上記のプログラムの記述に関しては、選んだ色やエクセルのバージョンによっていろいろ違ってくる場合があります（だいぶ違う場合もあります）が、この中身に関しては全く気にする必要はありませんので、特に問題はありません。気にするべきは、この網掛けマクロの名称が Macro4 であるという点だけです。

3）それでは今度は、元のプログラムにちょっと手を加えてみたいと思います。

❶ 画面の左上半分の［＋標準モジュール］という箇所の今度は［Module2］をダブルクリックして、前回までに作ってきた Macro2 のプログラムを表示します。

❷ プログラム中の最初の IF 文である日曜日を判断している IF 文の中の

```
With Selection.Font
    .Color = -16776961
    .TintAndShade = 0
End With
```

の下に、先ほど作った Macro4 を呼び出すため、次の call 文を 1 行追加します。

```
Call Macro4
```

追加した後のプログラムは次のようになります。

```
(General)                                                          ▼

Sub Macro2()
'
' Macro2 Macro
'
'
On Error Resume Next
    Range("F1").Select
    a = ActiveCell.Value
    Range("G1").Select
    b = ActiveCell.Value
    Range("A2").Select
    c = ActiveCell.Value
    Range("B2").Select
    For i = 1 To 31
        c = i
        If Weekday(a & "年" & b & "月" & c & "日") = 1 Then
            If Err.Number <> 0 Then Exit For
            ActiveCell.FormulaR1C1 = "日"
            With Selection.Font
                .Color = -16776961
                .TintAndShade = 0
            End With
            Call Macro4
        End If
            :
            :
```

ここで出てきた Call 文 については、何度か本書にて勉強しましたね。

この場合は「Macro4 というマクロのプログラムの処理（選択されている
セルをオレンジ色の網掛けにする）をここで呼び出して実行する」という
意味になります。

4) それでは、実行してみましょう。

❶ エクセルの画面に戻って、新しいシート［Sheet4］を作成し、まだ何
も書いていないその空のシートを開いた状態にしてください。

❷ まずは、全体のフォームを作っておくためにまず「Macro1」を実行し
ます。実行前に、必ず A1 のセルが選択されていることを確認しておきま
しょう。

　それから、［開発］タブの［コード］で［マクロ］をクリック →「マク
ロ」画面が出るので、そのまま（Macro1 が選ばれた状態で）［実行］を
クリックします。

❸ 次に、2019 年 12 月の意味で F1 のセルに 2019 、G1 のセルに 12 と打
ってください。

❹ 打ち終わったら一度［Enter］キーを押してから、今度は「Macro2」
を実行します。

　［開発］タブの［コード］で［マクロ］をクリック →「マクロ」画面が
出るので、マクロ名に**「Macro2」を選択して**［実行］をクリック。

　実行した結果、ひとまず B 列の日曜日のセルだけに網掛け色の付いた
2019 年 12 月のカレンダーができていれば OK です。

	A	B	C	D	E	F	G	H
1	日付	曜日	血圧値（上	血圧値（下）		2019	12	
2	1	日						
3	2	月						
4	3	火						
5	4	水						
6	5	木						
7	6	金						
8	7	土						
9	8	日						
10	9	月						

日曜日（日）の各セルにオレンジ色の網掛けがなされる

　ひとまずというのは、ここから先の完成までは少々話しが難しくなるので、この続きはまた次回に持ち越します。

　今回はこれで終了です。次回は、いよいよこのテーマの完成に至ります。ここで作ったマクロプログラムは次回もこの続きでまた使いますので、大切にファイル保管しておいてください。（ファイルの種類 Excel マクロ有効ブック 、ファイル名 gogo25.xlsm ）。

※続けてこの先のレッスンに取り組む場合でも、次回の説明の都合上、必ず上記のファイル保存を行って、一旦 Excel を終了してから次へ進むようにしてください。

曜日の色分けをした
日付入りの１カ月の表を作る

　長らくやってきましたこのテーマも、今回は残る課題となる「日曜の行のすべてに網掛けをする」についての修正を行い、いよいよこのマクロを完成させます。

　まずは、前回作成したマクロの入ったエクセルファイル gogo25.xlsm をご用意ください。

1)　はじめに、前回までに作ったマクロプログラムの確認です。

❶ まずは、gogo25 を開きます。セキュリティ警告が表示されたら、右側の ［コンテンツの有効化］ ボタンを押してください。

❷ メインとなるプログラムを表示します。［開発］ タブの ［コード］ で ［Visual Basic］ をクリック。画面の左上半分の ［標準モジュール］ 下の ［Module2］ をダブルクリックして、前回までに作ってきた ［Macro2］ のプログラムを表示します。

```
Sub Macro2()
'
' Macro2 Macro
'
'
On Error Resume Next
    Range("F1").Select
    a = ActiveCell.Value
    Range("G1").Select
    b = ActiveCell.Value
    Range("A2").Select
    c = ActiveCell.Value
    Range("B2").Select
    For i = 1 To 31
        c = i
        If Weekday(a & "年" & b & "月" & c & "日") = 1 Then
            If Err.Number <> 0 Then Exit For
            ActiveCell.FormulaR1C1 = "日"
            With Selection.Font
                .Color = -16776961
                .TintAndShade = 0
            End With
            Call Macro4
        End If
        If Weekday(a & "年" & b & "月" & c & "日") = 2 Then
            ActiveCell.FormulaR1C1 = "月"
        End If
        If Weekday(a & "年" & b & "月" & c & "日") = 3 Then
            ActiveCell.FormulaR1C1 = "火"
        End If
        If Weekday(a & "年" & b & "月" & c & "日") = 4 Then
            ActiveCell.FormulaR1C1 = "水"
        End If
        If Weekday(a & "年" & b & "月" & c & "日") = 5 Then
            ActiveCell.FormulaR1C1 = "木"
        End If
        If Weekday(a & "年" & b & "月" & c & "日") = 6 Then
            ActiveCell.FormulaR1C1 = "金"
        End If
        If Weekday(a & "年" & b & "月" & c & "日") = 7 Then
            ActiveCell.FormulaR1C1 = "土"
            With Selection.Font
                .Color = -4165632
                .TintAndShade = 0
            End With
        End If
        ActiveCell.Offset(1, 0).Activate
    Next i
End Sub
```

　ここまでのプログラムでは、日曜の曜日を書いたセルがオレンジ色の網掛けとなっているだけでした。今回は日曜の列（行）全体を網掛けにするためのプログラム修正を行います。

2）それでは、プログラムにちょっと手を加えていきましょう。

❶ プログラム中の最初の IF 文の上に、次の 1 行を追加します。

```
Range ("B" & CStr (i + 1)) .Select
```

❷ 次に、前回追加した call 文 Call　Macro4 の上に、次の 1 行を追加します。

```
Range ("A" & CStr (i + 1) & ":D" & CStr (i + 1)) .Select
```

❸ 最後に、下から 3 行目の下記 1 行

```
ActiveCell.Offset (1, 0) .Activate
```

を、行ごと削除してしまってください。

修正した後のプログラムは次のようになります。

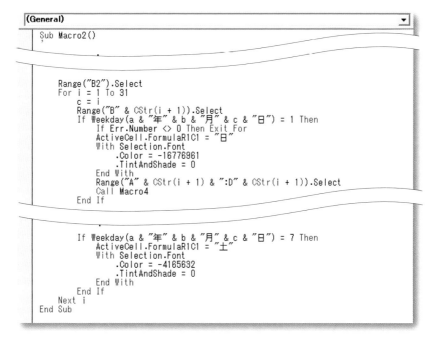

追加した 2 行は、いずれも書き込むセルを指定するものです。

まず、最初の Range ("B" & CStr (i + 1)) .Select は、この行以降の処理で曜日を書いていくセルの位置を指定しています。ループのた

びに変わっていく変数 i を使って、ループするたびに書き込むセル位置を変えています。

次の Range（"A" & CStr（i + 1）& ":D" & CStr（i + 1））. Select というのは、日曜日の行の A 列から D 列まですべてを指定して、次の Call Macro4 の網掛け処理を行うセル位置を設定しています。

最後に削除した ActiveCell.Offset（1，0）.Activate は、以前のプログラムでは、ループのたびに書き込むセルの位置を、下方向に1つずつ Offset（ずらして）いたわけですが、今回は、上記の追加した行において直接書き込むセル位置を指定しているのでこれは不要となりましたので削除します。

3）それでは、実行してみましょう。

❶ エクセルの画面に戻って、画面下部の［ワークシート挿入］タブまたは［新しいシート］＋ボタンをクリックして、新しい空のシート［Sheet5］を作成してください。

❷ まずは、全体のフォームを作っておくために「Macro1」を実行します。［開発］タブの［コード］で［マクロ］をクリック →「マクロ」画面が出るので、そのまま（Macro1が選ばれた状態で）［実行］をクリック。

❸ 次に、F1 のセルに 2020 と打ってください（2020 年の意味です）。

❹ 続けて、G1 のセルに 1 と打ってください（1 月の意味です）。

❺ 打ち終わったら一度［Enter］キーを押してから、メイン処理の「Macro2」を実行します。［開発］タブの［コード］で［マクロ］をクリック →「マクロ」画面が出るので、マクロ名に「Macro2」を選択して［実行］をクリックしてください。

実行した結果、今回のテーマ（以下に示すマクロの仕様）である指定した月（2020 年 1 月）のこの血圧表が、この仕様どおりに正しく自動で作成できているかどうかを、よく確認してみてください。

日付	曜日	血圧値（上）　血圧値（下）
1	水	
2	木	
3	金	
4	土	←青色
5	日	←赤色　　　　　　←日曜の列は薄い橙色の網掛け
6	月	
・	・	
・	・	

日付に曜日をつける。土曜と日曜は、曜日に着色。日曜の列は橙色の網掛け。
年と月を入力するだけでこの 3 つのことができる表の作り方を教えてください。

　時間のある場合は、さらに新しいシートを作ってみて、来月、再来月、……という具合に、年と月を入力するだけで何年の何月の表でも、その月の正しい曜日が表示された表が自動作成できることを確認してみてくださいね。

　1 カ月の表の基礎部分のフォームを作るための Macro1 については、例えばこれを勤務表とかにいろいろと変えることが容易に可能ですから、今自分の使っている類似の表に置き換えてやってみるのも良いでしょう。
　また、上記では表のフォームを作るための Macro1 と、その他のメイン処理をする Macro2 とを（これは実行しないでテンプレートに代用しても使えるよう、あえて）別々に実行するようにしています。これらをくっ付

けて1回の実行ですべてを処理するマクロにすることも容易に可能と思いますので、意欲のある方はいろいろとチャレンジをしてみてください。

ヒント　Macro1とMacro2をくっ付けた場合の実行手順としては、「新しい空のシートを作成し、F1とG1のセルにおのおの年と月を入力し、マクロを実行する。」となるかと思います。

　今回はこれで終了です。ここで作ったマクロは、特に本書では以後使用することはありませんが、自分が作ったものは復習や今後の参考のためにも、なるべく分かりやすい名前をつけて、ぜひ自分の資産となるよう大切に保管しておいてください。

曜日の色分けをした日付入りの1カ月の表を作る（補足）

　今回は、前回までに作成してきた「曜日の色分けをした日付入りの1カ月の表を作るマクロ」についての補足的な説明です。特に実習はありません。

1）表の体裁を整える

　前レッスンにて完成した表の列幅は（特に調節なしの）デフォルトのままとなっています。これも、マクロを利用することで、自動での調節が容易にできます。

　例えば、A列〜D列の自動調節であれば、以下の1行を先の Macro1 の最後に追加すればよいだけです。

```
Columns("A:D").EntireColumn.AutoFit
```

　しかも、この1行も「マクロの記録」で列幅調節の操作を記録するだけで簡単に取得ができますから、あとはそこからコピー＆ペーストしてMacro1 に追加するか、もしくは、その記録したマクロを Call すればよいだけです。この方法で（特に構文の理解はなしで！）、他のいろいろな調

節関連（例えば、曜日の中央揃え等）も容易に自動で（マクロで）できるように、もうなっているかと思います。前回のマクロを使っていろいろと試してみてください。

2) IF 文以外の分岐処理の書き方
　前回までに作成したマクロの一部、IF 文の部分を抜き出してみると、以下のプログラムになっていました。

```
If Weekday(a & "年" & b & "月" & c & "日") = 1 Then
    If Err.Number <> 0 Then Exit For
    ActiveCell.FormulaR1C1 = "日"
    With Selection.Font
        .Color = -16776961
        .TintAndShade = 0
    End With
    Range("A" & CStr(i + 1) & ":D" & CStr(i + 1)).Select
    Call Macro4
End If
If Weekday(a & "年" & b & "月" & c & "日") = 2 Then
    ActiveCell.FormulaR1C1 = "月"
End If
If Weekday(a & "年" & b & "月" & c & "日") = 3 Then
    ActiveCell.FormulaR1C1 = "火"
End If
If Weekday(a & "年" & b & "月" & c & "日") = 4 Then
    ActiveCell.FormulaR1C1 = "水"
End If
If Weekday(a & "年" & b & "月" & c & "日") = 5 Then
    ActiveCell.FormulaR1C1 = "木"
End If
If Weekday(a & "年" & b & "月" & c & "日") = 6 Then
    ActiveCell.FormulaR1C1 = "金"
End If
If Weekday(a & "年" & b & "月" & c & "日") = 7 Then
    ActiveCell.FormulaR1C1 = "土"
    With Selection.Font
        .Color = -4165632
        .TintAndShade = 0
    End With
End If
```

　これは、単純に曜日の数だけ IF 文を 7 つ並べたというものでした。しかし、実際には私も含めてプロのプログラマーの人たちは、こんな IF 文の書き方は決してしません。大抵、このような場合には Select 文というものか、悪くても ElseIf 文というものを使います。ただし、本書ではまだ Select 文については勉強していませんので、あえて単純な IF 文の羅列としました。

そこで今回は、その Select 文を使って修正してみるとプログラムはどうなるかをご紹介します。さっそくですが、次のプログラムを見てください。

```
Select Case Weekday(a & "年" & b & "月" & c & "日")
    Case 1
        If Err.Number <> 0 Then Exit For
        ActiveCell.FormulaR1C1 = "日"
        With Selection.Font
            .Color = -16776961
            .TintAndShade = 0
        End With
        Range("A" & CStr(i + 1) & ":D" & CStr(i + 1)).Select
        Call Macro4
    Case 2
        ActiveCell.FormulaR1C1 = "月"
    Case 3
        ActiveCell.FormulaR1C1 = "火"
    Case 4
        ActiveCell.FormulaR1C1 = "水"
    Case 5
        ActiveCell.FormulaR1C1 = "木"
    Case 6
        ActiveCell.FormulaR1C1 = "金"
    Case 7
        ActiveCell.FormulaR1C1 = "土"
        With Selection.Font
            .Color = -4165632
            .TintAndShade = 0
        End With
End Select
```

　だいぶ見た目がすっきりしたかと思います。しかしながら、IF 文だけでも十分きちんと動くプログラムは作れたわけですから、せっかく完成したプログラムをわざわざこれに変える必要はまったくありません。そのため今は、分岐処理の書き方には IF 文以外にこうしたものもあるということだけを記憶しておけば十分です。

3）20 日締め等の 1 カ月の表の場合
　もう一つ、締め日が末日でない表を作る場合について考えてみましょう。これにはちょっとやっかいなことがあります。そのポイントだけをざっと整理して挙げておきます。

同じ表の中で、以下を考慮しなければなりません。

・1日になったら、月を翌月に変える必要がある。

・もし、最初の月が12月の場合には、翌月は13月ではなく1月となり、さらに年は翌年にする必要がある。

・ループを2つに分けるか（例えば20日締めの場合なら、21〜31と1〜20）、もしくは、日付用の変数を別に設ける必要がある。

具体例で見てみましょう。

【20日締めの表の例】

	A	B	C	D	E	F	G	H
1	日付	曜日	血圧値（上）	血圧値（下）		2020	2	
2	21	火						
3	22	水						
4	23	木						
5	24	金						
6	25	土						
7	26	日						
8	27	月						
9	28	火						
10	29	水						
11	30	木						
12	31	金						
13	1	土						
14	2	日						
15	3	月						

ここで月をまたぎ、途中で日付の大小が前後する

よって、今回作ったマクロよりかなり難しく複雑なプログラムになるのは確実です。我と思わん方は、前回作ったプログラムと上記のヒント等を参考に、末日締め以外の表を作成するマクロにも（難易度が高いのは覚悟の上で）チャレンジしてみてください。

第6章

シートをコピーして
ファイルに自動保存する
マクロを作る

◆本章で作りたいマクロ（エクセルユーザーからの要望）

　エクセルを使って、毎月、「顧客の状況リスト」のレポートを作成しなければなりません。シートごとに顧客の状況をまとめたエクセルファイルがあり、それから顧客ごとに月次のエクセルファイルを作成するというものです。今は手作業で次のように作成しています。

1. 顧客 A のシートを選ぶ。
2. それをコピーして別のエクセルファイルとして作成する。
3. ファイル名を「顧客 A + 今日の日付」にして新規保存する。
4. 顧客 B 以降同じことを繰り返す（大体 30 社分）。

　これをエクセルマクロで処理したいのですが、いい方法ありますでしょうか？　毎月手作業していると、手が腱鞘炎になりそうです。

【完成予想図】

社名と日付の入った複数のエクセルファイルが指定のフォルダに自動作成される

テーマ

シートをコピーして
ファイル名を付けて保存する

　今回から、マクロでのシートとファイルの操作について学んでいきます。エクセルを使うとき、シートやファイルの操作を手作業で行っている方も多いかと思います。マクロで作業を自動化して、楽ができるようにしてみましょう。

1) 今回はまず、コピー元となる表を作っておきます。

❶ エクセルを起動します。空のエクセルを立ち上げてください。

※シートが 1 つのみの場合は、あらかじめ新規にシートをあと 2 つ（[Sheet2] と [Sheet3] を）
　作成してから、先に進んでください。

計 3 つのシートをあらかじめ用意しておく

❷ まず、シート [Sheet1] の A1 のセルに 111 と入力してください。

❸ そのシート [Sheet1] のシート名を 山田商事 に変更します。シート名の変更方法は、下のシートタブを右クリック→［名前の変更（R）］や、シートタブをダブルクリックして直接変更するなど、やり慣れた方法で構いません。

[Sheet1] のシート名を「山田商事」に変更する

❹ 次に、同様にシート [Sheet2] の A1 のセルを選択し、222 と入力し、そのシート名を、鈴木建設 に変更します。

❺ もう一つ同様に、シート [Sheet3] の A1 のセルを選択し、333 と入力し、そのシート名を、佐藤運送 に変更します。

	A	B	C	D	E
1	333				
2					
3					
4					

山田商事 | 鈴木建設 | 佐藤運送 ⊕

2) 次に、例のごとく、「マクロの記録」を使って簡単なマクロを作ってみます。

❶ 最初のシートの [**山田商事**] を開いてから、以下を行います。[開発] タブの [コード] で [マクロの記録] をクリック → 「マクロの記録」画面が出るので、そのまま [OK] をクリック。

❷ 次に、次の操作にてこのシートを新しいブックにコピーします。
[山田商事] のシートタブを右クリック → [移動またはコピー (M) ...]

→「シートの移動またはコピー」画面の［移動先ブック名（T）］のプルダウンから（新しいブック）を選択し、下方の**［コピーを作成する（C）］にチェックを入れて**から、その下の［OK］ボタンをクリック。

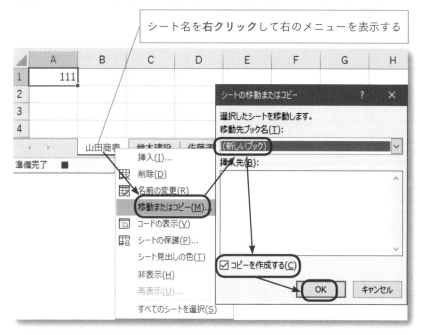

シート名を**右クリック**して右のメニューを表示する

❸ 今上記によって新しくできたブック**［Book2］**を、適当なフォルダーに名前を付けて**ファイル保存**します。以下のように操作します。

　［ファイル］メニュー →［名前を付けて保存］→「名前を付けて保存」画面で［ファイルの種類（T）：］に「Excel ブック（*.xlsx）」が選ばれているのを確認し →［ファイル名（N）：］を 山田商事 としてから［保存］ボタンをクリック。

※この Excel ファイルはマクロを含まない（データだけの）ファイルとなりますので、ファイルの種類は拡張子 .xlsx です。

ファイル名(N):	山田商事.xlsx
ファイルの種類(T):	Excel ブック (*.xlsx)
作成者:	タグ: タグの追加

☐縮小版を保存する

フォルダーの非表示　　　　　　　　　　　　　　　　ツール(L)　▼　　保存(S)　　キャン

❹ そうしたら、このブックを閉じます。［ファイル］メニュー → ［閉じる］をクリック（画面右上の×（閉じる）でも可）。

❺ 最後に、［開発］タブの［コード］で［■記録終了］をクリックして、マクロの記録を終了します。

　操作の説明がちょっと長くなりましたが、この辺は普段皆さんが行っているエクセルの操作ではないでしょうか。ここまでは、そうした操作を単純に「マクロの記録」を使ってマクロプログラムに記録したというだけです。

3) それでは、今作ったマクロプログラムの中身をのぞいてみましょう。

❶ ［開発］タブの［コード］で［Visual Basic］をクリック。すると、もう見なれたマクロプログラム用の画面が表示されます。

❷ いつものように、この画面の左上半分の［＋標準モジュール］という個所の＋の部分をクリックすると、そのすぐ下に［Module1］と表示されるので、その［Module1］をダブルクリックします。

※ Module1 が表示されていないときは、その上の３つのボタンの一番右にある「フォルダーの切り替え」をクリックして、Module1 を表示してください。

ちょっと複雑そうにも見えますが、実はこれはプログラムとしては、「コピーする、ファイルセーブする、クローズする」のたった3行のごく短いものです。

※最初の「Sheets（"山田商事"）.Select」と「ChDir・・・」については無くても問題ない（念のため書かれている）ものです。後ほど削除しますので、無視してください。

　VBA では行の最後が _（半角のスペース＋アンダーバー）で終わる場合、その行が次の行にも続くということを意味しますので、このプログラムの場合、ActiveWorkbook.SaveAs Filename:= から、Create-Backup:=False までは1つの行という扱いになります（見た目上、横に長くなってしまうので「マクロの記録」の機能が気を利かせて改行してくれているだけです）。

　この少々長い行で、この場合に必要なのは最初の部分の ActiveWork-book.SaveAs・・・ から ・・・¥山田商事.xlsx" までだけです。
　また、C:¥Users¥3taro¥Documents の部分は、コピー先のファイル保存場所にあたるフォルダーのパス名です。この部分は当然のことながら、Windows のバージョンやログインユーザー名など個々のパソコン環境によって違ってきますので、皆さんは今「マクロの記録」で記録されたプログラムに表記されている**パス名の部分はそのままで変更はしないでください**。
　そのあとの **山田商事.xlsx** という部分は、先ほど保存したときに付け

たファイル名ですので、これは全員が必ず同じになります。

4）それでは、このプログラムにちょっと手を加えてみたいと思います。

❶ まず、先ほど言った不要な以下の 2 行を削除してください。

```
Sheets（"山田商事"）.Select
ChDir "C:¥Users¥3taro¥Documents"
```
※この""内も個人で異なりますが気にせず削除してください。

❷ 次に、先ほど説明した長い行の、必要のない部分をバッさりと削除してしまいます。

・・・¥ 山田商事 .xlsx" の次のカンマ , から以降（カンマも含む）, _ CreateBackup:=False まで（ActiveWindow.Close の上の行まで）を Delete キーで削除してください。

❸ そうしたら、社名の部分 Sheets（"山田商事"）.Copy の行の山田商事を次のように鈴木建設に書き換えます。

```
Sheets（"山田商事"）.Copy → Sheets（"鈴木建設"）.Copy
```

❹ 同じく、"C:¥Users¥3taro¥Documents¥ 山田商事 .xlsx"の行の 山田商事 を 鈴木建設 に書き換えます。

「・・・¥ 山田商事 .xlsx"」→「・・・¥ 鈴木建設 .xlsx"」

※先ほどもお伝えしたように、"C:¥Users¥3taro¥Documents の部分は個々のパソコン環境によって違ってきます。

書き換えた後のプログラムは次のようになります。

```
(General)                                                          ▼

  Sub Macro1()
  '
  ' Macro1 Macro
  '
  '
      Sheets("鈴木建設").Copy
      ActiveWorkbook.SaveAs Filename:="C:¥Users¥3taro¥Documents¥鈴木建設.xlsx"
      ActiveWindow.Close
  End Sub
```

5) それでは、実行してみましょう。

❶ エクセルの画面に戻ります（開くシートはどれでも構いません）。

❷ 実行します。［開発］タブの［コード］で［マクロ］をクリック →「マクロ」画面が出るのでそのまま［実行］をクリック。

　デスクトップの［マイ ドキュメント］などで自分のパソコンの指定した（パス名の）ファイル保存場所のフォルダーを開いて、そこに 鈴木建設.xlsx という名前のファイルができていることを確認してください。

　念のため、そのファイルを開いて、A1 のセルに 222 と表示されていることを見てみましょう（次ページを参照）。これで、コピー元であるシート［鈴木建設］の内容が別ファイルに正しく保存されたことが確認できました。

　今回はこれで終了です。ここで作ったマクロプログラムは次回もこの続きでまた使いますので、大切に保管しておいてください（ファイルの種類は必ず［Excel マクロ有効ブック］、ファイル名 gogo28.xlsm ）。

※もし、続けてこの先のレッスンに進む場合でも、次回説明の都合上、必ず上記のファイル保存を行って、一旦エクセルを終了させてから進むようにしてください。

シートをコピーして
ファイル名を付けて保存する

　前回に続いて、マクロでのシートとファイルの操作を学びましょう。まずは、前回作成したマクロの入ったエクセルファイル gogo28.xlsm をご用意ください。

1) はじめに、前回作ったマクロプログラムの確認です。

❶ gogo28 を開きます。セキュリティ警告が表示されたら、右側の［コンテンツの有効化］ボタンを押してください。

❷［開発］タブの［コード］で［Visual Basic］をクリック。すると、前回作成したマクロプログラムを表示します。

```
(General)
    Sub Macro1()
    '
    ' Macro1 Macro
    '
    '
        Sheets("鈴木建設").Copy
        ActiveWorkbook.SaveAs Filename:="C:¥Users¥3taro¥Documents¥鈴木建設.xlsx"
        ActiveWindow.Close
    End Sub
```

　何度も言うように、C:¥Users¥3taro¥Documents の部分は個々のパソコン環境によって違ってきます。

2) それでは、このプログラムにちょっと手を加えてみたいと思います。

❶ まず、このプログラムの最初の行の Sheets（"鈴木建設"）.Copy の上に、シート名を取得するための次の1行を追加します。

    a = CStr（ActiveSheet.Name）

❷ 上記の追加でシート名が変数 a に代入されましたので、Sheets（"鈴木建設"）.Copy のシート名の"鈴木建設"を a に変更して Sheets（a）.Copy と修止します。

  修正した後のプログラムは次のようになります。

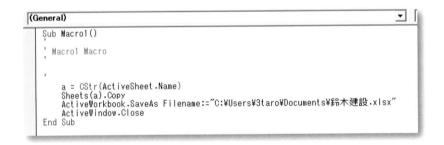

```
(General)
    Sub Macro1()

    ' Macro1 Macro

    '
        a = CStr(ActiveSheet.Name)
        Sheets(a).Copy
        ActiveWorkbook.SaveAs Filename:="C:\Users\3taro\Documents\鈴木建設.xlsx"
        ActiveWindow.Close
    End Sub
```

  ここで、今追加したシート名を取得するための1行

  a = CStr（ActiveSheet.Name）

は、現在（マクロ実行時に）開いているシートの名称を変数の a に代入するためのものです。

3) さらにこのプログラムに手を加えてみたいと思います。今度はちょっと複雑な修正になりますので、一歩ずつ着実に進めてください。

❶ まず、

  "C:\Users\3taro \Documents\ 鈴木建設 .xlsx"

の行の **鈴木建設** .xlsx という部分だけを削除して

　"C:¥Users¥3taro¥Documents¥"

とします。

※最後の"（ダブルコーテーションマーク）は消さずに必ず残してください。

❷ そして、その行のうしろに変数の a を ＋ a としてくっ付けます。

　"C:¥Users¥3taro¥Documents¥" ＋ a

修正した後のプログラムは次のようになります。

```
(General)                                                    ▼

  Sub Macro1()

  ' Macro1 Macro
  '

  '
      a = CStr(ActiveSheet.Name)
      Sheets(a).Copy
      ActiveWorkbook.SaveAs Filename:="C:¥Users¥3taro¥Documents¥" + a
      ActiveWindow.Close
  End Sub
```

　この"C:¥Users¥3taro¥Documents¥" ＋ a の部分が「パス名（保存
する場所）＋シート名（保存するファイル名）」を表わしています。

※何度も言うように、このパス名の部分「"C:¥Users¥3taro¥Documents¥"」については個々の
　パソコン環境によって必ず違ってきます。この部分だけはこれと同じに修正してしまわぬよ
　う、くれぐれもご注意ください。

4）それでは、実行してみましょう。

❶ エクセルの画面に戻り、今度はシートの［佐藤運送］を開いてくださ
い。

❷ 実行します。[開発] タブの [コード] で [マクロ] をクリック → 「マクロ」画面が出るのでそのまま [実行] をクリック。

　デスクトップの [マイ ドキュメント] などで自分のパソコンのファイル保存場所のフォルダーを開いてみて、佐藤運送 .xlsx という名前のファイルができていることを確認してください。

　念のため、そのファイルを開いて、A1 のセルに 333 と表示されていることを見てみましょう。これで、コピー元であるシート [佐藤運送] の内容が別ファイルに正しく保存されたことが確認できました。

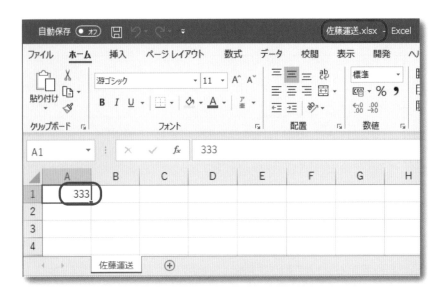

　これで、保存するファイル名に、開いているシート名を自動的に付けて保存することができるようになりました。

今回はここまでで終了です。ここで作ったマクロプログラムは次回もこの続きでまた使いますので、大切に保管しておいてください（ファイルの種類は必ず［Excel マクロ有効ブック］、ファイル名 gogo29.xlsm ）。

※もし、続けてこの先のレッスンに進む場合でも、次回説明の都合上、必ず上記のファイル保存を行って、一旦エクセルを終了させてから進むようにしてください。

テーマ

シートをコピーして
ファイル名を付けて保存する

　ファイル保存マクロの続きです。まずは、前回作成したマクロの入った
エクセルファイル gogo29.xlsm をご用意ください。

1）はじめに、前回作ったマクロプログラムの確認です。

❶ gogo29 を開きます。セキュリティ警告が表示されたら、右側の［コン
テンツの有効化］ボタンを押してください。

❷［開発］タブの［コード］で［Visual Basic］をクリック。すると、マ
クロプログラムの画面が表示されます。

```
(General)                                                              ▼
  Sub Macro1()
  '
  ' Macro1 Macro
  '
  '
      a = CStr(ActiveSheet.Name)
      Sheets(a).Copy
      ActiveWorkbook.SaveAs Filename:="C:\Users\3taro\Documents\" + a
      ActiveWindow.Close
  End Sub
```

　何度も言うように、C:\Users\3taro\Documents\ の部分は個々の
パソコン環境によって違ってきます。

　前回までに作成したこのプログラムは、「開いているシートをコピーし
てシート名を付けた別ファイルに保存する」というものでした。今回は、

このプログラムに更に手を加えて、シート名 + 今日の日付 が付いたファイル名にて保存するように改修します。

2）それでは、このプログラムに手を加えていきましょう。

❶ このプログラムの最初の行 a = CStr（ActiveSheet.Name）の上に、今日の日付を取得するために、次の１行を追加します。

```
b = Date
```

❷ 次に、保存するファイル名を シート名 + 今日の日付 としたいので、ファイル名を定義する部分で、次のように、+ a の後に + b をくっ付けます。

```
"C:¥Users¥3taro¥Documents¥" + a + b
```

修正後のプログラムは次のようになります。

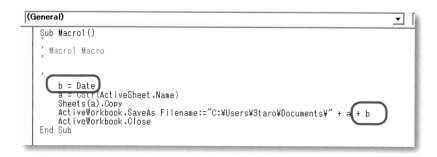

```
(General)
  Sub Macro1()
  '
  ' Macro1 Macro
  '
  '
      b = Date
      a = CStr(ActiveSheet.Name)
      Sheets(a).Copy
      ActiveWorkbook.SaveAs Filename:="C:¥Users¥3taro¥Documents¥" + a + b
      ActiveWorkbook.Close
  End Sub
```

ここで、今追加した"今日の日付"を取得するための１行

```
b = Date
```

は、Date 関数というものを使って、変数 b に本日の日付（年月日）を代入しています。

この場合の本日というのは、あくまでも皆さんが今使っているパソコンの時計での現在の日付になります。

3）それでは、実行してみましょう。

❶ エクセルの画面に戻り、**シートの［佐藤運送］**を開いてください。

❷ 実行します。［開発］タブの［コード］で［マクロ］をクリック →「マクロ」画面が出るのでそのまま［実行］をクリック。

　すると、おやおや？「型が一致しません。」との実行時エラーの画面が出たかと思いますので、ここでは**「終了」ボタン**を押してください。

　もし、あやまって「デバッグ」というボタンを押してしまった場合は、プログラムの一部が黄色くなっていると思います。そこで、上のリセットボタン（■のマーク）を押してデバッグモードを終了してください。これで黄色も消えます。

```
Sub Macro1()
'
' Macro1 Macro
'
'
    b = Date
    a = CStr(ActiveSheet.Name)
    Sheets(a).Copy
    ActiveWorkbook.SaveAs Filename:="C:\Users\3taro\Documents\" + a + b
    ActiveWindow.Close
End Sub
```

　エラーが表示されたのは、先に説明した Date 関数は、本日の日付を
2019/10/05 という書式で返してくれるものだからです。

　Windows の場合、ご承知のようにファイル名には使用のできない記号
というものがあります。例えば、: ¥ / * < などですね。2019/10/05 の /
という文字はファイル名に使用することができないので、ここで実行エラ
ーが表示されたわけです。

4）それでは、このエラーが出なくなるようちょっとプログラムを修正し
てみます。

❶ プログラムの画面に戻って、先ほど追加した 1 行 b = Date を、次の
ように修正します。

　b = Format (Date, "_yyyy_mm_dd")

　修正後のプログラムは次ページのようになります。

```
(General)                                                                    ▼
 Sub Macro1()
 ,
 ' Macro1 Macro

 ,
     b = Format(Date, "_yyyy_mm_dd")
     a = CStr(ActiveSheet.Name)
     Sheets(a).Copy
     ActiveWorkbook.SaveAs Filename:="C:¥Users¥3taro¥Documents¥" + a + b
     ActiveWindow.Close
 End Sub
```

　ここでは、Format 関数というものを使って、変数 b に代入する本日の
日付の書式を、次のように変えています。

　2019/10/05　→　_2019_10_05

　これは、年月日の区切り文字に、Windows のファイル名でも使うこと
ができる"_"(アンダーバー) を用いるように修正したものです。

　この Format 関数というのは、VBA のプログラムを作る際にはよく使
う標準関数ですので、覚えておくと今後になにかと便利です。

5) それでは、実行してみましょう。

❶ エクセルの画面に戻り、先ほどの実行エラーで"Book1"が開いた状態
になっていると思いますが、この**"Book1"の方は不要なので破棄して
(保存せずに閉じて)** ください。

※元の gogo29.xlsm の方を誤って保存せずに閉じてしまわぬようご注意ください。

❷ gogo29.xlsm のシートの [佐藤運送] を開いた状態で、実行します。
[開発] タブの [コード] で [マクロ] をクリック → 「マクロ」画面が出
るのでそのまま [実行] をクリック。

　[スタート] メニューの [ドキュメント] などで自分のパソコンの指定

したファイル保存場所のフォルダーを開いてみて、佐藤運送 _2019_10_05.
xlsx という名前のファイルができていることを確認してください。

※ただし、2019_10_05 の部分は自分が実行した日の日付になります。

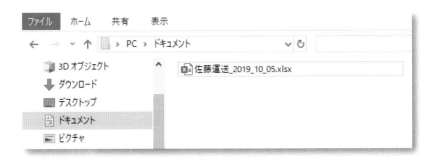

　ちなみに、プログラム中の _yyyy_mm_dd の部分は通常のエクセルで
の書式定義と同じ意味になります。参考までに例を挙げると、もし、この
コピー先のファイル名を 佐藤運送 2019 年 10 月 05 日 .xlsx という形式に
したい場合には、先ほど修正した行の _yyyy_mm_dd の部分を

　　b = Format (Date, "yyyy 年 mm 月 dd 日")
と修正すればよいだけです。

　今回はこれで終了です。次回は、いよいよこのマクロの完成に至りま
す。お楽しみに！
　ここで作ったマクロプログラムは次回もこの続きでまた使いますので、
大切に保管しておいてください（ファイルの種類は必ず［Excel マクロ有
効ブック］、ファイル名 gogo30.xlsm ）。

※もし、続けてこの先のレッスンに進む場合でも、次回説明の都合上、必ず上記のファイル保
　存を行って、一旦エクセルを終了させてから進むようにしてください。

テーマ

シートをコピーして ファイル名を付けて保存する

　前回は、各シートを開いてマクロを実行すると、そのシートの「シート名＋今日の日付」の名称でファイルを自動的に保存するところまで作りました。今回は、このマクロを、すべてのシートを1回の実行で手間なく一括処理ができるマクロへと発展させて、いよいよ完成に至ります。

　まずは、前回作成したマクロの入ったエクセルファイル gogo30.xlsm をご用意ください。

1) はじめに、前回までに作ったマクロプログラムの確認です。

❶ gogo30 を開きます。セキュリティ警告が表示されたら、右側の ［コンテンツの有効化］ ボタンを押してください。

❷ ［ツール（T）］ → ［マクロ（M）］ → ［Visual Basic Editor（V）］ すると、前回作成したマクロプログラムが表示されます。

```
(General)                                                              ▼

Sub Macro1()
'
' Macro1 Macro
'
'
    b = Format(Date, "_yyyy_mm_dd")
    a = CStr(ActiveSheet.Name)
    Sheets(a).Copy
    ActiveWorkbook.SaveAs Filename:="C:\Users\3taro\Documents\" + a + b
    ActiveWindow.Close
End Sub
```

　またまた何度も言うように、C:\Users\3taro\Documents\ の部分

は、個々のパソコン環境によって違ってきます。

　前回までに作成したこのプログラムは、「開いているシートをコピーして シート名 ＋ 今日の日付 を付けた別ファイルに保存する」というものでした。今回は、このプログラムにループ処理の機能を追加して「すべてのシートをコピーして シート名 ＋ 今日の日付 を付けた別ファイルに保存する」というマクロにしていきます。

2) それではまず、「マクロの記録」を使ってもう一つ簡単なマクロを作っておきます。

❶ まず、エクセルの画面に戻り、シートは［佐藤運送］を開いた状態にして「マクロの記録」を開始します。［開発］タブの［コード］で［マクロの記録］をクリック → 「マクロの記録」画面が出るので、そのまま［OK］をクリックします。

❷ 次に、下のシートタブから［山田商事］をクリックして［山田商事］のシートを開きます。

❸ ここで、［開発］タブの［コード］で［■記録終了］をクリックして、マクロの記録を終了します。

❹ 再びプログラムが表示されている画面を開いて、左上半分の［－標準モジュール］という個所の下にある［Module2］をダブルクリックしてください。

　画面右側に、次に示すマクロが新たにできていることが確認できるでしょう。

```
(General)
    Sub Macro2()
    '
    ' Macro2 Macro
    '
    '
        Sheets("山田商事").Select
    End Sub
```

　もうお分かりのように、今記録したこのマクロは、「シートを開く」というだけのごく簡単な1行だけのプログラムです。このプログラムに基づいて、本書で先に勉強してきました「ループ処理」と「Call文」いうものを使ったプログラムを作っていきます。

3) それでは、このプログラムに手を加えて行きます。

❶ まず、「ループ処理の基本形」を使って、1行の処理を単純に繰り返す
プログラムに修正します。

```
For i = 1 To 10
    Sheets("山田商事").Select
Next i
```

❷ 次に、

```
    Sheets("山田商事").Select
```

のシート名"山田商事"の部分を修正して

```
    Sheets(Sheets(i).Name).Select
```

とします。

❸ 次に、今修正した行の下に、Macro1 を呼び出すための「Call 文」である1行

```
    Call Macro1
```

を追加します。

❹ 最後に、ループの回数がシートの数になるように「For 文」

```
  For i = 1 To 10
```

の 10 の部分を

```
  For i = 1 To Sheets.Count
```

というように修正します。

修正した後のプログラムは次ページのようになります。

```
(General)
    Sub Macro2()
    '
    ' Macro2 Macro
    '
    '
        For i = 1 To Sheets.Count
            Sheets(Sheets(i).Name).Select
            Call Macro1
        Next i
    End Sub
```

　最後に修正した「For 文」の Sheets.Count というのは、今開いてい
るブックの中の「シートの数」を示す数字を返すものです。このブックに
は、[山田商事] [鈴木建設] [佐藤運送] の３つのシートが存在しています
ので、Sheets.Count = 3 ということになります。
　また、Call Macro1 というのは、「Macro1 というマクロの処理を Mac-
ro2 から呼び出して実行する」という意味だということは、本書にて何度
か勉強しましたね。

4) それでは、さっそくこの「Macro2」を実行してみましょう。

❶ エクセルの画面に戻り（今回、開くシートは何でも構いません）、
[Macro2] を実行します。
　[開発] タブの [コード] で [マクロ] をクリック → 「マクロ」画面が
出るので、今回はマクロ名に今書き換えた [Macro2] を選択してから
[実行] をクリック。

※実行したときに、もし「‥置き換えますか？」というメッセージが出た場合は、そのつど「は
　い」を押してファイルを置き換えてください。

　プログラム中で指定した自分のパソコンのファイル保存場所のフォルダ
ーを開いてみて、今日の日付の付いた３つのファイルができていれば OK
です。

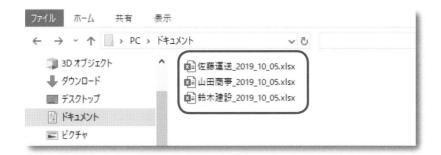

　ごく短いプログラムですが、たったこれだけの追加をするだけで、いっぺんに何個でも（何十個でも何百個、何千個でも！）、すべてのシートをコピーしたファイルを1発で作ることができるようになりましたね。

　もう皆さん、いろいろな形式のファイル名を付けた自動ファイル出力ができるようになりましたね。練習のためにいろいろなケースでのファイル出力をぜひ試してみてください。本テーマは、これにて終了です。

作り方をマネること、作る過程で
自分なりのアレンジを加えてみる

　今や、書店やネット上にはマクロの（VBA の）プログラムを掲載して
いる書物やサイトが溢れています。実は、それらに掲載されているシンプ
ルコードの多くは、見方によっては残念なことに、すでに完成済みのもの
（VBA 言語に詳しい誰かが作って完成させたプログラム）ばかりです。

　ちょっと親切な参考書やサイトでは、その完成済みのコードの 1 行 1
行に、詳しく丁寧な説明を書いてくれているのをよく見かけると思いま
す。

　例えば、こんな感じです。

```
Sub Macro1()
    Dim MySeries As Series
    Worksheets("Sheet2").Activate    '← Sheet2 を指定する
    Set MySeries = ActiveSheet.ChartObjects(1)    '←指定シ
                                         ートのオブジェクトを取得する
    With MySeries.Border              '←データ系列の定義
        .LineStyle = xlContinuous     '←線種を設定する
        .Color = RGB(0, 255, 0)       '←色を緑に設定する
          ・
          ・
          ・
```

　ですが、このような「誰か他人が完成させたプログラム」が、「自分の

やりたいことにドンピシャだ！」「そっくりこのままで使えるぞ！」といった幸運なんて滅多にあるわけではありません（捜せば似たようなものはどこかのサイトにあるにせよ）。そのため、少なからず、サンプルプログラムを「自分用のプログラムに修正しなければ……」という困難に遭遇することになるわけです。

　この完成済みのプログラムを見て（たとえ、上記のような1行1行に詳しい説明が載っていたとしても）、初心者がこれを理解し、自分のやりたいことにこのプログラムを修正するという行為は、なかなか至難のワザだと思うわけです。

　そこで、本書では、このように完成済みのサンプルコードの詳しい解説をするのではなく、参考となるプログラムを作る過程（作る手順）の1から10までを詳しく説明するという教え方を採り入れています。例えば、こんな具合です。

①まず、「マクロの記録」使って簡単なプログラムを自動作成します。
②次に、作ったプログラムをちょっと修正します。
③では、修正したプログラムを実行して確認します。
④その結果、ここはこうしたいので、プログラムをもう少し修正します。
⑤では、再び実行して確認をします。
⑥実行した結果、これなら大体 OK ですが、さらにもっと便利なマクロにしたいので、またちょっとプログラムを修正します。
⑦では、再び実行して確認をします。
⑧ではもう一度、今度は違うデータで、再び実行して確認をします。

　このように、プログラムを作り上げるまでの過程が詳しく分かることによって、「初心者でも容易に応用が利くようになってもらおう」という狙いです。

　この④で行っているプログラム修正の「ここをこうしてみたら、こんな

こともできるんじゃないの？」とか、②の修正個所の「あそこをこう変え
てみたら、あんなこともできるよね！」という「試行錯誤」は、プログラ
ミングに慣れるためのよい練習になります。このように、目的に合致した
プログラムを作る過程で自分なりのアレンジを加えて試して修正すること
で応用が利くようになり、「自分のやりたいことに合ったプログラムを作
り上げる」力が、次第に身に付いていきます。

　ぜひ、いろいろと試して修正しながら、目的にあったプログラムに仕上
げていきましょう。

ホームランを狙わない

マクロ作りが中々進まないときの 対処法（着実に進めるコツ）

　プログラミングというものは、当然のことながら、ごく簡単なレベルの ものから非常に難しいレベルのものまで、その難易度はさまざまです。初 心者でマクロ作りが全然進まないという人のほとんどが、最初から難易度 の高いものすべてをいっぺんに作ろうと考えてしまう傾向にあるようで す。

　これは例えるなら、少年野球を始めたばかりの子どもが、いきなり初打 席でホームランを狙ってフルスイングを試みるようなものでしょう。それ ではホームランどころか、バットにボールが当たらないのは当然です。ま ずは、内野手の間をゴロで抜けていくようなシングルヒットを狙って打席 に立つのがよいわけです。そして、シングルヒットでもそれを重ねていけ ば、必ず大量点に結びつくのです。

　例えば、第4章の「上達のヒント」（170ページ）にて個条書きで示 した処理手順のうち、「① りんごの重さを入力する。」というマクロを作 るのは自分にはまだちょっと難しそうだな〜、と思ったら、まず「② も し、400gより重かったら半分に切る。」の部分だけのマクロを作って自 動化してみる、といった具合です。小さなマクロでも1つ完成すれば作業 の短縮になり、それによってマクロ作りへのモチベーションもより上がっ てきます。

　1つ目ができたら、その次に簡単そうな部分からまた1つ、さらに1 つ、といった具合に、手に負えそうな部分から一つひとつマクロを作って いきます。そして最後に、第2章で学んだ「マクロをくっ付ける方法」 を用いて、別々に作った各マクロを一本化すれば、全自動化（つまり、こ れがホームランになります！）も夢ではありません。

ぜひ、できるところから一つひとつ、着実に作っていくことを心がけて
ください。

✕ ホームラン狙いの人

やりたいことのすべてをいっぺんに作っちゃえ！

① りんごの重さを入力する。
② もし、40gより重かったら半分に切る。
③ もし、40gより軽かったらそのまま。
④ ①〜③を、りんごの数だけ繰り返す。、

◯ シングルヒットを重ねて大量点へ

できそうなところから1つずつ作っていこう！

① りんごの重さを入力する。
② もし、40gより重かったら半分に切る。
③ もし、40gより軽かったらそのまま。
④ ①〜③を、りんごの数だけ繰り返す。

エラー対処方法の基本

エラーが出た！ さぁどうする？

　ここでは、マクロ実行時にエラーが発生したときの基本的な対処方法について学んでいきます。なるべく素早く、短い時間でエラーを解消できるよう、効率的な解決方法を知っておきましょう。

　マクロを実行すると、「実行時エラー」が表示されることがあります。さまざまなエラーがありますが（以下の「エラー発生時のメッセージ例」を参照）、ここでは実行時エラーの例と対処法を見ていきましょう。

◆　エラー発生時のメッセージ例

9	インデックスが有効な範囲にありません。
13	型が一致しません。
424	オブジェクトが必要です。
438	オブジェクトは、このプロパティまたはメソッドをサポートしていません。
1004	参照が正しくありません。
その他	コンパイルエラーなど（レッスン5のcolumn、70ページを参照）

1) デバッグとヘルプ

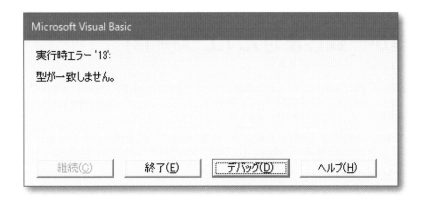

　このような実行時エラーが発生したとき、表示されるエラー画面におい
て、「終了」「デバッグ」「ヘルプ」の3つのボタンのうち、どれを選択す
るとよいでしょうか？

　結論から言うと、通常は「デバッグ」ボタンを押すのが正解です。
　「終了」では何も解決につながらないですし、特に初心者にとっては
「ヘルプ」もまず役には立たないということを認識しましょう。初心者の
あなたが「ヘルプ」をあてにして、次ページのような「ヘルプ」メッセー
ジをじっくり読んでみたところで何も解決せず、ただ時間の無駄となるだ
けです。

型が一致しません (エラー 13)

2017年06月08日・共同作成者 QQQ

Visual Basic では、以前のバージョンでは使用できなかったデータ型の割り当てを実現するために、多数の値を変換して強制変換することができます。 ただし、このエラーは引き続き発生する可能性があり、次の原因と解決策があります。

・ **原因**: 変数またはプロパティの型が正しくありません。 たとえば、整数値を必要とする変数は、文字列全体が整数として認識されない限り、文字列値を受け取ることはできません。

解決方法: 互換性のあるデータ型の間でのみ割り当てを行うようにしてください。 たとえば、

そこで、セオリーどおりに「デバッグ」のボタンをクリックすると、次のようにエラーが発生している行がプログラム上に黄色で表示されます。

```
(General)

'これは、A列の数字をB列の数字で割り算した結果をC列に表示するマクロです。
Sub Macro1()

' Macro1 Macro

'
    For i = 1 To 20
        Range("A" & i).Select
        a = ActiveCell.Value
        Range("B" & i).Select
        b = ActiveCell.Value
⇨ |      c = a / b
        Range("C" & i).Select
        ActiveCell.FormulaR1C1 = c
        If c < 1 Then
            Selection.Font.ColorIndex = 3    '赤色表示
        Else
            Selection.Font.ColorIndex = 0
        End If
    Next i
End Sub
```

このように黄色く示された行は
エラーの発生した個所を示す

！ 今回のポイント

デバッグとは、日本語に訳すと文字どおり、「バグを取り除く」という意味です。プログラムの悪い個所さえ分かってしまえばその解決は容易に

できるというものです。デバッグのコツは、すなわち「エラーが発生した個所を見つけ出すことにあり！！」です。

　ただし、直接この行（黄色で示された行）がエラーの原因とは限りません。大抵の場合、それ以前の処理に問題があると考えるのが正解です。そこで、このとき（エラー行が黄色に表示されている状態で）、変数の上にマウスのカーソルを持っていくと、各変数の値を確認できます。

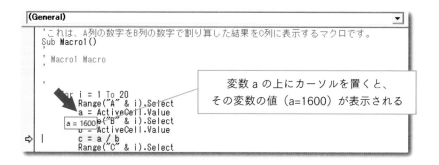

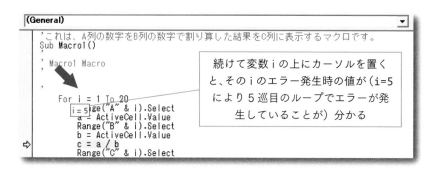

1）サンプルファイルを用いて、実際に操作してみましょう。

❶ 下記のサイトからテストファイル（test1.xlsm）をダウンロードしてください。

https://shop.nikkeibp.co.jp/front/commodity/0000/P95950/

❷ ダウンロードした「test1.xlsm」を開きます。セキュリティ警告が表示されますので、右側の［コンテンツの有効化］ボタンを押してください。

❸ まずは、このまま一度実行します。［開発］タブの［コード］で［マクロ］をクリック → 「マクロ」画面が出るのでそのまま［実行］をクリック。

❹ 正しい動作（エラーが出ない）が確認できたところで、次に、練習のためにわざとエラーを出してみましょう。以下に従って操作してください。
・先の実行で表示されたC列のデータをすべて消す。
・B列のどこか適当な行の500の数字を、どこか1カ所だけabcに書き換える。

	A	B	C
1	2000	500	
2	1900	500	
3	1800	500	
4	1700	500	
5	1600	abc	
6	1500	500	
7	1400	500	
8	1300	500	

❺ それでは、再び実行します。［開発］タブの［コード］で［マクロ］をクリック → 「マクロ」画面が出るのでそのまま［実行］をクリック。

❻ ここでエラーを示す画面が出たと思いますので、先に説明したセオリー通りにここで「デバッグ」のボタンをクリックします。

❼ 各変数の上にカーソルを当てて、値を確認してみてください。

少し補足をしますと、このエラーが出たプログラムの個所は c = a / b という計算式となっています。それで、先ほどわざとエラーを出すためにデータの一つを abc という文字に（計算できない文字のデータに）変えました。そのため、この c = a / b 、つまり c = 数字 / 文字 ということになってエラーが出るというわけです。

なお、ここでエクセルの画面を開いてみると、次ページのようにエラーで止まった個所が見てとれます。例えば B5 のセルに abc と入れた場合には、その上の 4 行目までの計算結果が c 列に表示されます（よって、[デバッグモード] での変数 i は i=5 と表示されます）。

確認ができたら、次ページのように操作して必ず [デバッグモード] をリセットしてから次へ進んでください。

※現在この画面は [デバッグモード] となっています。メニューの■印のボタンでこの [デバッグモード] をリセット（モードを終了して次の操作に行くことが）できます。

ここをクリックしてリセットする

	A	B	C
1	2000	500	4
2	1900	500	3.8
3	1800	500	3.6
4	1700	500	3.4
5	1600	abc	
6	1500	500	

2) エラー行で処理を止めない方法（エラー・トラップ）

　「エラー・トラップ」という以下に示す1行の構文を使うことで、エラー行で処理をストップしないで（その行は無視して）最後の行まで処理を続けることができます（この構文は、レッスン23 でもすでに使用しています）。

「エラー・トラップ」の構文：On Error Resume Next

　test1.xlsx の［Macro1］のエラー行の上に、上記構文の1行を追加して、エラー回避されていることを確認してみましょう。

3) では、こちらも実際に動作確認をしてみます。

❶ 現在のプログラムの処理部分の一番上に、上記の構文1行を追加します。

❷ （データはそのままで）再び実行します。［開発］タブの［コード］で［マクロ］をクリック → 「マクロ」画面が出るのでそのまま［実行］をクリック。

　実行した結果、今度は途中で止まることなく、最後の20行目まで処理が行われたことが分かると思います。これが、「エラー・トラップ」の意味するところです。

	A	B	C
1	2000	500	4
2	1900	500	3.8
3	1800	500	3.6
4	1700	500	3.4
5	1600	abc	
6	1500	500	

基本的なデバッグの仕方を
マスターしよう！

前のレッスンに続いて、デバッグについて学びます。ここでは、マクロを作成するときの、基本的なデバッグの仕方（バグを取り除く方法）を学びます。

プログラムを実行したとき、前回のように「エラーが出て途中で止まる……」ということのない場合でも、どうも結果がおかしい（間違っている）状況は多々あり得ます。そこで今回は、正しい結果が出ない（エラーは出ないけど、バグがある）ときのデバッグ方法について、主な2つを紹介します。

1) 指定した行で処理を一旦止める方法（ブレークポイント）

「ブレークポイント」というものを使うと、指定した行で処理を一旦止めることができます。

❶ 前回ダウンロードした「test1.xlsm」を開きます。セキュリティ警告が表示されますので、右側の［コンテンツの有効化］ボタンを押してください。

❷ いつものようにプログラムの画面を開いて、まずは、止めたい行のプログラムの左側の欄外（図の灰色の部分）をクリックして●印を（および、その行を茶色に）表示させます。

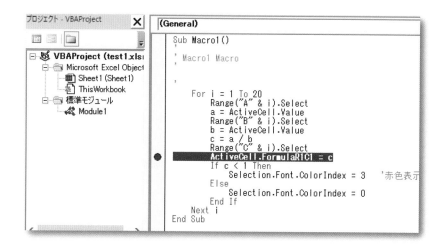

❸ この状態でマクロを実行します。すると、●印の行で一旦プログラム
が止まります。

※なお、実行はこの画面の上部メニューからもデバッグ用の簡易的な実行が可能です。

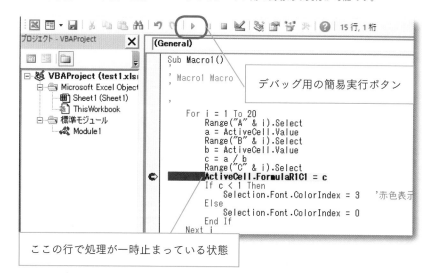

デバッグ用の簡易実行ボタン

ここの行で処理が一時止まっている状態

❹ このとき、前回のレッスンで練習した［デバッグ］操作と同様に、マ
ウスで各変数の上にカーソルを持っていくことでその変数の値を確認する

ことができます。

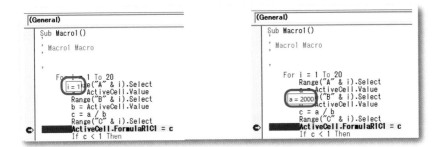

　この状態でファンクションキーの［F8］を押すと、その次の行まで（1
回押すごとに）処理を1行ずつ進めていくことができます。

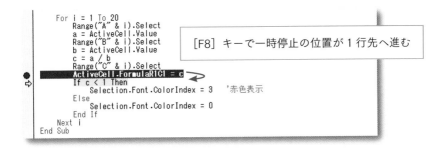

［F8］キーで一時停止の位置が1行先へ進む

　ファンクションキーの［F5］で次の「ブレークポイント」まで（ルー
プ内にあるときはループの次の1巡まで）処理を進めます。

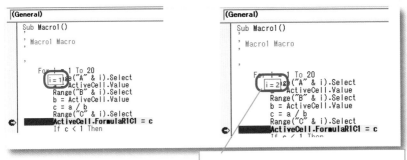

［F5］キーを1回押すとループが1巡
回って、i=1がi=2になったのが分かる

❺ 上部メニューの■印のボタンで「デバッグモード」を終了します。

　それでは、適当な行に「ブレークポイント」を設定して、変数の値の確認と［F8］キーの使い方をいろいろと試してみましょう。そうすることで、上記の操作方法を練習してみてください。

2）メッセージや変数の値をポップアップに表示させる方法（メッセージボックス）
　「メッセージボックス」を使うと、メッセージや変数の値をポップアップ画面に表示することができます。

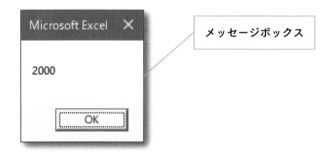

「メッセージボックス」の基本構文は以下の通りです。
MsgBox a　　　（このａの部分は変数名です）

❶ この基本構文の１行をプログラムに追加して、実行してみましょう。

【使用例】

```
        Range("A" & i).Select
        a = ActiveCell.Value
        MsgBox a  ◀━━━
```

❷ 変数の値の確認ができたら、OK ボタンで「メッセージボックス」を
終了します。

※このプログラムでは、ループが 20 回回りますので「メッセージボックス」も 20 回次々に表
　示されます。なので、OK ボタンも 20 回繰り返し押してください。

【注意】　大量に繰り返すループの中でこの「メッセージボックス」を使
用すると、何度も［OK］ボタンを押さなければならないという破目にな
ってしまいますので注意してください。

データが何行目まであるか分らない場合にデータのある最後の行までループさせる方法

```
n = Cells(Rows.Count, "A").End(xlUp).Row
```

これは、「A 列の最後の行位置がどこかを示してくれる」という基本構文です。

　ちょっと見た目は難しい 1 行なので、覚える必要はまったくありませんが 何行目まであるかが分らないシートのデータを扱う場合や、毎回データの行数が変わるシートを扱う場合などには、この 1 行をコピーして使えばよいわけです。

　これを使う場合に気を付けなければならないのは、最初の（　）の中の "A" の部分 だけで、例えば、C 列なら "C" に、F 列ならば "F" に変更するということだけです。例えば、

```
n = Cells(Rows.Count, "F").End(xlUp).Row
```

　これで、F 列の最後の行位置が変数 n に格納されるということになりますので その次の For 文で、n までループさせるようにすればよい（ For i = 1 to n ）という具合です。
　この 1 行の構文さえあれば、データが何行まであっても、何行まであるか分からなくても、毎回行数が変わる場合でも、プログラムは変更しなくて大丈夫です。ちなみに、

```
m = Cells(1, Columns.Count).End(xlToLeft).Column
```

この 1 行の構文で、横方向の（列の）最後も得られますので、例えば、次のようにすると

```
m = Cells(5, Columns.Count).End(xlToLeft).Column
```

5 行目のデータが何番目の列まであるかが変数 m に格納できます（なお、この場合得られる列は数字なので、例えば m = 3 なら左から 3 番目の列、すなわち C 列のことになります）。

おわりに：応用力を磨こう！

　本書のレッスンは、いかがだったでしょうか？本書の**レッスン型マクロ習得法（マクロは実行して理解する！）**と従来本の勉強法の違いを、存分に実感いただけたことと思います。

　マクロ作りで最も重要なことは**応用力**です。当然ながら、組みたいマクロ（自動化させたい Excel の操作）は人それぞれです。文字通り十人十色、百人百色、千人いれば千色であるわけです。よって、自分の望む応用ができなければ、マクロを習得した意味はありません。

　本書のレッスンは、そうした応用力を磨くためのプラットホーム（自ら実行して学べる場）作りに過ぎません。例えばですが、最初のレッスン１の場合なら次のようなマクロがありえるでしょう。

　　gogo01_B10 に会社名の表示版 .xlsm

　　gogo01_C20 に部署名も表示版 .xlsm

　　gogo01_E1 と E2 に父と母の名前表示版 .xlsm

　　gogo01_G1G2G3 に住所の県名＋市名＋番地わけて表示版 .xlsm

　また、レッスン２～レッスン４の場合であれば、次のようなマクロです。

　　gogo04_ 入出金＋差額表 .xlsm

　　gogo04_ 入出金＋差額表＋小計あり表 .xlsm

　　gogo04_ 入出金（４月～翌３月まの今年度表）.xlsm

　　gogo04_ 入出金（３年分の表）.xlsm

このように、容易に各レッスンの応用演習が、アイデア次第で何度でも、ほぼ無限にできるわけです。ぜひ好奇心を発揮して、この方法でどんどん応用練習をこなしてください。

　本書のレッスンには、作る手順の一から十までが詳しく書かれているからこそ、その途中からでもそれらの応用が容易に可能なものとなっています。多くやればやるほど、自然と応用力もどんどん身に付いてきます。

　本書のレッスンを通して、応用力を継続して磨き、エクセル仕事を効率化していただければ、著者としてこれに勝る喜びはありません。

マクロの初級講文集

※青字は、使用時に変更が必要な個所です。

(1) セルの選択

No.	構文	説明	参照レッスン
1	Range("B2").Select	1つのセルの選択（B2のセル）	1
2	Range("A1:C3").Select	複数のセルの選択（A1からC3まですべて）	
3	Cells(1, 2).Select	セルの選択（B1のセル）	
4	Rows("1:5").Select	複数行の選択（1行目から5行目まで）	18
5	Range("1:5").Select	複数行の選択その2（1行目から5行目まで）	25
6	Columns("D:F").Select	複数列の選択（D列からF列まで）	
7	Cells.Select	すべてのセルを選択する	
8	ActiveCell.Offset(1, 0).Activate	セルの移動（一つ下へ）	11
9	ActiveCell.Offset(0, 1).Activate	セルの移動（一つ右へ）	
10	ActiveCell.Offset(-1, 1).Activate	セルの移動（右斜め上方向へ）	

(2) セルの操作

No.	構文	説明	参照レッスン
11	ActiveCell.FormulaR1C1 = "こんにちは"	セルへの書き込み	1
12	a = ActiveCell.Value	セルの値を取得する（変数aに格納）	5
13	Selection.Copy	セルの値をコピー	
14	ActiveSheet.Paste	コピーしたセルの値の貼り付け	
15	a = ActiveCell.Row	現在選択されているセルの行位置を取得する（変数aに格納）	17
16	a = Cells(Rows.Count,"B").End(xlUp).Row	B列の最後データの行の行番号を取得する（変数aに格納）	33
17	Selection.ClearContents	現在選択されているセルのデータの削除	

(3) シートの操作

No.	構文	説明	参照レッスン
18	Sheets("Sheet2").Select	シートを開く（シート名Sheet2）	9
19	Sheets("Sheet2").Copy	シートをコピーする（シート名Sheet2）	28
20	For i = 1 To Sheets.Count	シートの数だけ繰り返すループ文	
21	a = CStr(ActiveSheet.Name)	シート名を取得する（変数aに格納）	9
22	Sheets(a).Name = "abc"	シート名をabcという名前に変更する	
23	Sheets.Add	新しいシートの作成	4

(4) 文字列の操作

No.	構文	説明	参照レッスン
24	a = trim(a)	空白文字（先頭と末尾のスペース文字（全半角共））を取り除く	
25	a = "abc" & "def"	文字列をつなぎ合わせる（a = "abcdef"）	
26	s = Len("abcdef")	文字列の長さ（s = 5）	13
27	a = Mid("abcdef" 3, 2)	文字列 c の 3 文字目から 2 文字を取り出す（a = "cd"）	13
28	a = left("abcdef", 2)	文字列の左（先頭）から 2 文字を取り出す（a = "ab"）	
29	a = right("abcdef", 2)	文字列の右（お尻）から 2 文字を取り出す（a = "ef"）	
30	a = StrConv("ABcdEF",vbUpperCase)	文字列を大文字に変換する（a ="ABCDEF"）	
31	a = StrConv("GHijKL",vbLowerCase)	文字列を小文字に変換する（a ="ghijkl"）	
32	a = StrConv("ABC",vbWide)	半角文字を全角文字に変換する（a ="ＡＢＣ"）	
33	a = StrConv("ＤＥＦ",vbNarrow)	全角文字を半角文字に変換する（a ="DEF"）	

(5) 日付の操作

No.	構文	説明	参照ページ
34	s = Weekday(now())	本日の曜日番号（日曜日が 1、月曜日が 2、・・・土曜日が 7）	20
35	s = Weekday("2019/12/11")	2019 年 12 月 11 日の曜日番号（s = 4（水曜日））	20
36	a = format(now,"aaa")	本日の曜日を日本語（日～土）で返す	
37	a = format("2019/12/5","aaa")	2019 年 12 月 5 日の曜日を日本語（日～土）で返す（a = "木"）	30
38	a = Format(Date, "yyyy/mm/dd")	本日の日付を "2020/01/01" 形式の書式で返す	30
39	a = Format(Date, "yyyy 年 mm 月 dd 日")	本日の日付を"2020 年 01 月 01 日"形式の書式で返す	30
40	s = Year(Now())	今年の年を返す（今が 2020 年だった場合 s = 2020）	
41	s = Month(Now())	今月の月を返す（今が 9 月だった場合 s = 9）	
42	s = Day(Now())	今日の日を返す（今が 15 日だった場合 s = 15）	

(6) ブックの操作

No.	構文	説明	参照ページ
43	Workbooks.Open Filename:="abc.xlsx"	エクセルファイルのオープン	
44	ActiveWorkbook.Save	ワークブックを保存する	28
45	ActiveWorkbook.SaveAs Filename:="abc.xlsx"	ワークブックに名前を付けて保存する	28
46	ActiveWorkbook.Close True	ワークブックを上書き保存してクローズする	
47	ActiveWorkbook.Close False	ワークブックを保存せずにクローズする（更新内容は破棄される）	
48	ActiveWorkbook.Close	ワークブックをクローズする（更新されている場合にはアラートが出る）	28
49	Windows("abc.xlsx").Activate	複数のブックを開いているとき、指定した名前のブックをアクティブにする	
50	Application.Quit	エクセルを終了させる	

初級マクロ検定（制限時間：60分）

サンプルデータ「test2.xlsx」において、次ページの注意事項をよく読んで、以下の仕様（条件）をすべて満たすマクロを完成させなさい。

「test1.xlsx」のデータ例

※次からダウンロードができます。

https://shop.nikkeibp.co.jp/front/commodity/0000/P95950/

	A	B	C	D	E	F
1	姓	名	身長	体重	氏名	
2	阿部	帆花	164.6	58		
3	渥美	優	179.4	80		
4	安原	湊斗	178.2	85		
5	安西	航大	179.3	80		
6	安川	颯太	183.6	70		
7	安東	葵	155.5	42		
8	伊達	和真	182.8	70		
9	井沢	すず	162.2	52		
10	礒貝	葵斗	174.7	77		
11	稲村	美桜	156.5	45		
12	宇田		162.5	88		
13	浦	悠斗	182.3	65		
14	永瀬	心咲	160.9	52		
15	岩子	翔	182.7	70		

Sheet1　bkup　⊕

1. シート「Sheet1」にあるデータで、姓（A列）と名（B列）をくっ付けた氏名をE列に表示させる。

   なお、その際に姓と名の間に空白（半角ブランク）を1文字入れること。

2. また、上記の名（B列）欄には空欄（欠損データ）がありうるものとし、もし、その空欄があった場合には該当のセル（B列）を黄色く塗りつぶすこと。ただし、姓の欄（A列）には欠損個所はないものとする。

3. 次に、身長（C列）の降順（高い順）に、全データを並び替える。

4. なお、上記処理仕様の条件として、以下の項目を満たすこと。
   ・上記1.～3.の処理を、1度のマクロ実行でできる。
   ・データ数は、可変（その都度変わる）に対応する。
   ・データは2行目以降に最低1人以上のデータが存在するものとする。
   ただし、最大数は不特定で、1行目は見出し行である。

注意事項

※テストデータは[bkup]シートにも同じデータが入っています（実行して戻せなくなったとき用です。[bkup]シートからコピペして、元に戻すために利用ください。

※問題に対する質問等は受け付けません。万が一、不明点等ある場合は自分が最適と考える解釈で問いてください。

※解答の制限時間は開始から60分です。
　時間管理は自己責任にて、時計やタイマー等準備して臨んでください。

※カンニングは自由です。次ページにある模範解答以外なら、何を参照しても構いません（職場や自宅でのマクロ作成と同様の環境で、真の実力を試すための問題と捉えてください）。
　また、上記を満たす限りプログラムの書き方（コードのきれいさやコメント等）についての良し悪しは一切問いません。

以下のプログラムは、参考用模範解答の一例です。

```vba
Sub Macro1()
    n = Cells(Rows.Count, "B").End(xlUp).Row
    For i = 2 To n
        Range("A" & i).Select
        a = ActiveCell.Value
        Range("B" & i).Select
        b = ActiveCell.Value
        If b = "" Then
            Call Macro2
        End If
        Range("E" & i).Select
        ActiveCell.FormulaR1C1 = a & " " & b
    Next i

    Cells.Select
    ActiveWorkbook.Worksheets("Sheet1").Sort.SortFields.Clear
    ActiveWorkbook.Worksheets("Sheet1").Sort.SortFields.Add Key:=Range( _
        "C2:C" & n), SortOn:=xlSortOnValues, Order:=xlDescending, DataOption:= _
        xlSortNormal
    With ActiveWorkbook.Worksheets("Sheet1").Sort
        .SetRange Range("A1:F" & n)
        .Header = xlYes
        .MatchCase = False
        .Orientation = xlTopToBottom
        .SortMethod = xlPinYin
        .Apply
    End With
End Sub

Sub Macro2()
    With Selection.Interior
        .Pattern = xlSolid
        .PatternColorIndex = xlAutomatic
        .Color = 65535
        .TintAndShade = 0
        .PatternTintAndShade = 0
    End With
End Sub
```

※プログラムの書き方やコメント文（上記には一切省略）は、検定の合否
には一切関係ありません。

[著者] 渡部 守 (わたべ まもる)

1962年埼玉県生まれ、ＳＥ兼プログラマー暦35年、ソフトハウス経営のIT社長。その傍らで富士通ラーニングメディアのＳＥ研修メイン講師を約8年間務めるなど、若手プログラマーの育成にも積極的に携わる。専門はＣＡＤソフト（コンピュータ上で設計図を書くツール）のマクロ開発。その経験に基づき、2004年からネット上で三太郎を名乗って始めたまぐまぐ配信のメルマガ「Go！Go！エクセルマクロをはじめよう！」やブログを通して、ＶＢＡ言語の大元であるBASIC（ベーシック）言語の特性（誰でも簡単に組める初心者向けの言語）を活かした三太郎式のExcelマクロの組み方をプログラミング経験のない一般のExcelユーザー向けに提唱してきた。今ではメルマガ読者登録数は1万人超を数え、試しに本書レッスン1の内容を動画化してYouTubeにアップしたメイン動画は45万回再生を超える人気となっている。モットーは「マクロの普及で日本の生産性を上げる！」

「Go！Go！エクセルマクロをはじめよう！」ホームページ
http://www.start-macro.com/55/

エクセル仕事の自動化が
誰でもできる本

2020年 2月25日　　第1版第1刷発行
2021年 11月19日　　第1版第2刷発行

著　者　渡部 守
発行者　村上 広樹
発　行　日経BP
発　売　日経BPマーケティング
　　　　〒105-8308　東京都港区虎ノ門4-3-12
装　幀　小口 翔平＋岩永 香穂（tobufune）
制　作　谷 敦（アーティザンカンパニー）
印刷・製本　図書印刷株式会社